A arte de escrever bem no trabalho

→ UM GUIA ACIMA DA MÉDIA

Harvard Business Review
A arte de escrever bem no trabalho

Bryan A. Garner

SEXTANTE

Harvard Business Review Press

Título original: *HBR Guide to Better Business Writing*

Copyright © 2012 por Bryan A. Garner
Copyright da tradução © 2022 por GMT Editores Ltda.
Publicado mediante acordo com a Harvard Business Review Press

Todos os direitos reservados. Nenhuma parte deste livro pode ser utilizada ou reproduzida sob quaisquer meios existentes sem autorização por escrito dos editores.

TRADUÇÃO: Paulo Afonso
PREPARO DE ORIGINAIS: William Bastos
ADAPTAÇÃO DE CONTEÚDO: Mariana Amaro
REVISÃO TÉCNICA: Shahira Mahmud
REVISÃO: Luis Américo Costa
DIAGRAMAÇÃO: Ana Paula Daudt Brandão
CAPA: Stephani Finks | HBR Press
ADAPTAÇÃO DE CAPA: Natali Nabekura
IMPRESSÃO E ACABAMENTO: Cromosete Gráfica e Editora Ltda.

CIP-BRASIL. CATALOGAÇÃO NA PUBLICAÇÃO
SINDICATO NACIONAL DOS EDITORES DE LIVROS, RJ

G222a

Garner, Bryan A., 1958-
A arte de escrever bem no trabalho / Bryan A. Garner ; tradução Paulo Afonso. - 1. ed. - Rio de Janeiro : Sextante, 2022.
208 p. ; 21 cm. (Coleção Harvard: um guia acima da média)

Tradução de: HBR guide to better business writing
Apêndice
Inclui bibliografia
ISBN 978-85-431-1007-3

1. Comunicação empresarial. 2. Redação técnica - Manuais, guias, etc. 3. Redação oficial - Manuais, guias, etc. I. Afonso, Paulo. II. Título. III. Série.

22-77398   CDD: 808.06665
                                                     CDU: 808.1:658

Meri Gleice Rodrigues de Souza - Bibliotecária - CRB-7/6439

Todos os direitos reservados, no Brasil, por
GMT Editores Ltda.
Rua Voluntários da Pátria, 45 – Gr. 1.404 – Botafogo
22270-000 – Rio de Janeiro – RJ
Tel.: (21) 2538-4100 – Fax: (21) 2286-9244
E-mail: atendimento@sextante.com.br
www.sextante.com.br

Para J. P. Allen,
meu amigo de toda a vida

Sumário

O que você vai aprender   **9**

Prefácio: Por que você precisa escrever bem   **11**

Seção 1
DANDO CONTA DO RECADO COM RAPIDEZ E CLAREZA
1. Saiba por que está escrevendo   **19**
2. Compreenda seus leitores   **24**
3. Divida o processo de redação em quatro etapas   **29**
4. Antes de escrever, anote suas ideias principais   **34**
5. Escreva o texto final – rapidamente   **43**
6. Melhore o que escreveu   **46**
7. Use gráficos para ilustrar e elucidar   **52**

Seção 2
DESENVOLVENDO SUAS HABILIDADES
8. Seja implacavelmente claro   **57**
9. Aprenda a sintetizar – com precisão   **64**
10. Não desperdice palavras   **67**
11. Seja direto: evite o jargão comercial   **71**
12. Use a cronologia quando estiver narrando fatos   **76**

13. Seja adepto da continuidade — 80
14. O básico de gramática correta — 85
15. Peça a opinião de colegas sobre seus rascunhos — 94

Seção 3
EVITE MANEIRISMOS QUE AFASTEM O LEITOR
16. Não anestesie seus leitores — 101
17. Cuidado com o tom — 107

Seção 4
FORMAS COMUNS DE REDAÇÃO COMERCIAL
18. E-mails — 113
19. Cartas comerciais — 120
20. Memorandos e relatórios — 133
21. Avaliações de desempenho — 140

Apêndices
- **A:** Lista de conferência para as quatro etapas da redação — 151
- **B:** 12 tópicos gramaticais que você precisa entender — 155
- **C:** 12 dicas de pontuação que você precisa saber — 167
- **D:** Gafes mais comuns — 175
- **E:** O que fazer e o que não fazer para escrever bem — 178
- **F:** Um guia do bom uso do português — 182

Referências — 204
Agradecimentos — 207

O que você vai aprender

Você sente um frio na espinha ao escrever memorandos para altos executivos? Seus relatórios circulam pela empresa e suscitam mais perguntas do que respostas em quem os lê? Seus e-mails para colegas desaparecem em um vácuo, sem nunca ser respondidos nem provocar ações? Suas propostas não conseguem conquistar clientes?

Você perderá tempo, dinheiro e influência se tiver dificuldades em escrever profissionalmente. É um problema comum. Muitos de nós nos confundimos ao procurar as palavras certas e o tom adequado na redação de nossos documentos, mesmo que sejamos bem articulados na linguagem oral. Mas as coisas não precisam ser assim. Escrever de modo correto e persuasivo não requer magia nem sorte. É uma habilidade – e este guia lhe dará a confiança e as ferramentas necessárias para cultivá-la.

Logo você terá mais facilidade para:

- Superar o bloqueio de escritor.

- Motivar os leitores a agir.

- Organizar suas ideias.

- Expressar seus pontos de vista com clareza.

- Ir direto ao assunto.

- Prender a atenção do leitor.

- Elaborar resumos bem concisos e úteis.

- Eliminar elementos supérfluos de seus documentos.

- Encontrar o tom adequado.

- Evitar erros gramaticais.

Prefácio
Por que você precisa escrever bem

Talvez você ache que não precisa dar muita importância à redação – que bom o suficiente é suficientemente bom. Mas esse tipo de mentalidade pode custar caro. Supervisores, colegas, funcionários, clientes, sócios e todos os demais indivíduos com os quais você se comunica formam uma ideia a seu respeito com base em sua redação. Se ela é grosseira e desleixada, todos presumem que seu raciocínio também é. E, se você não consegue convencer as pessoas de que sua mensagem é importante, *ninguém* lhe dá atenção. Podem até decidir que não vale a pena fazer negócios com você. Os riscos são enormes.

Muitos podem até achar que uma boa redação não é importante e ser complacentes. Talvez pensem que o que vale são as ideias – não o texto. Mas a boa redação faz as ideias serem notadas. Faz com que sejam postas em prática. Portanto, não se iluda: escrever bem é muito importante.

Pessoas que escrevem mal criam barreiras entre elas e os leitores; pessoas que escrevem bem se conectam a eles, abrem suas mentes e atingem objetivos.

Para impressionar, para o bem ou para o mal, bastam algumas palavras. Vamos examinar quatro passagens – duas eficazes e duas ineficazes. Veja se você consegue determinar quais pertencem a cada tipo:

1. No ambiente de negócios tal como existe a esta altura, alguém pode se achar no direito de alimentar a expectativa de que o recrutamento e a retenção de novos funcionários serão facilitados pelos problemas econômicos do atual mercado de trabalho. Entretanto, um bom número de pessoas das atividades empresariais vem descobrindo que não é um feito insignificante acrescentar à equipe pessoas que contribuam para o resultado final de um modo positivo e benéfico.

2. No mercado de trabalho atual, pode-se pensar que contratar novos funcionários produtivos é algo fácil. Mas muitos empresários ainda têm dificuldades para encontrar bons candidatos.

3. A ideia de contratar uma celebridade, que usa rotineiramente as mídias sociais ao custo de milhares de dólares, para promover a empresa de alguém tuitando sobre ela pode parecer pouco ortodoxa, para dizer o mínimo. Mas o número de empresas que reservam e despendem fundos para tais atividades ano após ano, como uma forma de promoção, está aumentando muito.

4. Pagar milhares de dólares a uma celebridade para promover uma empresa em tuítes de 140 caracteres pode parecer loucura. No entanto, cada vez mais empresas estão fazendo exatamente isso.

Você consegue ver a diferença? Claro que consegue. O primeiro e o terceiro exemplos são verborrágicos e redundantes. A sintaxe é intricada e às vezes foge ao assunto. O segundo e o quarto exemplos são fáceis de entender, econômicos e diretos. Não fazem o leitor perder tempo.

Você já reconhece a redação corporativa que dá conta do recado – e, acredite, pode aprender a produzi-la. Talvez pense que escrever é chato. Há quem concorde. Mas existem métodos já comprovados que reduzem o trabalho e o tédio. Você vai conhecê-los neste livro, junto com muitos exemplos de "antes" e "depois" que os mostram em ação. (Eles foram extraídos de documentos reais, modificados.)

Escrever bem não é um dom inato. É uma habilidade que pode ser cultivada, como muitas outras. Qualquer indivíduo com capacidade atlética pode aprender a arremessar uma bola de basquete ou acertar uma bola de golfe razoavelmente bem. Qualquer indivíduo com coordenação motora pode aprender a tocar um instrumento musical de forma competente. E, se você já leu este texto até aqui, pode aprender a escrever bem – provavelmente muito bem – com a ajuda de alguns princípios norteadores.

Pense em si mesmo como um redator profissional

Se está no ramo empresarial e escreve – e-mails, relatórios, seja o que for – para obter resultados, você é um redator profissional. Em linhas gerais, pertence ao clube dos jornalistas, publicitários e redatores: seu sucesso pode muito bem depender dos textos que você produz e de seus efeitos nos leitores. Por isso sua redação precisa ser tão lapidada quanto possível.

A seguir, veja um exemplo que você talvez já conheça. Existem várias versões desta história – que às vezes é situada em cidades diferentes e contada com algumas variações:

> Um cego está sentado em um parque com um cartaz pendurado no pescoço no qual se lê: "EU SOU CEGO." À sua frente está uma latinha de metal. Um redator de anúncios passa por ele, para e vê somente três moedas na latinha. Então pergunta: "Senhor, posso mudar seu cartaz?" O cego responde: "Mas o cartaz é meu. Minha irmã escreveu o que eu pedi." "Sei. Mas acho que posso ajudar. Deixe que eu escreva na parte de trás e você pode fazer um teste." Após alguma hesitação, o cego concorda. No espaço de duas horas, a latinha fica cheia de moedas e notas. Quando outro transeunte passa e faz uma doação, o cego diz: "Espere um momentinho, por favor. O que está escrito no meu cartaz?" "Só sete palavras", diz o novo doador: "Estamos na primavera e eu sou cego."

O modo como se transmite qualquer informação é importante.

Leia com atenção para adquirir um bom estilo

Para se expressar de modo claro e persuasivo, você precisa desenvolver diversas qualidades:

- Foco em seu motivo para escrever – e nas necessidades de seus leitores.

- Preferência por palavras simples para expressar uma ideia com exatidão.

- Tato em relação a expressões idiomáticas.

- Aversão a jargões.

- Apreço pelas palavras certas nos lugares certos.

- Sensibilidade para identificar a entonação das frases.

Como adquirir essas qualidades? Comece a notar sua presença (ou ausência) em tudo que você ler. Pare um pouquinho e estude o trabalho de profissionais. A análise não deve ser uma obrigação nem ser realizada ao final de um longo dia. Reserve alguns minutos durante o café da manhã, ou entre as suas tarefas, e leia com atenção. Procure textos de qualidade que o agradem. Você pode encontrá-los em revistas de negócios, nos jornais de circulação nacional ou até em publicações esportivas.

Se possível, leia pelo menos um trecho em voz alta todos os dias, como se fosse um apresentador de noticiário. (Sim, literalmente em voz alta.) Leia com sentimento. Preste atenção na pontuação, na construção das frases, no ritmo das ideias e na distribuição dos parágrafos. Esse hábito o ajudará a avaliar o trabalho que está tentando aprender. E, assim que tiver aprimorado sua percepção, você precisará apenas praticar.

Veja os benefícios

Cartas ou e-mails ambíguos exigirão uma errata para esclarecer um mal-entendido – o que drena recursos e diminui a boa vontade. Um memorando mal escrito e com argumentação ruim pode resultar em uma decisão errada. Um relatório desorganizado pode ocultar informações importantes e levar os leitores a negligenciar fatos essenciais. Uma proposta pouco atraente será posta de lado e esquecida. Um texto mal preparado dirigido a um cliente importante apenas consumirá tempo dos superiores, que terão que reescrevê-lo na última hora para torná-lo aceitável, reduzindo suas chances de sucesso.

Tudo isso representa tempo perdido – e menos lucros. Mas você pode prevenir esses problemas com uma redação clara e concisa, que não é uma arte misteriosa, secreta ou remota, mas uma ferramenta comercial indispensável. Aprenda a usá-la e alcance os resultados que procura.

Uma observação preliminar: asteriscos são usados neste livro para indicar frases agramaticais, erros de ortografia e problemas de estilo.

Seção 1

Dando conta do recado com rapidez e clareza

Capítulo 1
Saiba por que está escrevendo

Muitas pessoas começam a escrever antes de saber o que querem concretizar. Consequentemente, seus leitores não sabem onde concentrar a atenção nem o que se espera que façam. Tanta coisa depende de seu objetivo ao escrever que você precisa tê-lo claro na mente. Qual o resultado desejado? Você quer convencer alguém a assinar um contrato de franquia, por exemplo? Ou impedir o uso de sua marca registrada sem autorização? Ou persuadir alguém a comparecer a uma recepção na empresa?

Diga de forma clara e convincente qual é o assunto e o que você deseja. A cada frase, pergunte a si mesmo se está fundamentando o objetivo. Assim você conseguirá encontrar as melhores palavras para que a sua mensagem seja mais bem compreendida.

A *forma serve ao objetivo*

Digamos que sua empresa alugue um espaço em um prédio comercial que, recentemente, reformou por completo a entrada e o primeiro andar. Seu consultor jurídico o alertou de que a síndica infringiu o Estatuto da Pessoa com Deficiência (EPD). Não existem no prédio, por exemplo, rampas para cadeiras de rodas nem portas automáticas. Você decide escrever à síndica. Mas *por que* mesmo você está escrevendo? A resposta a essa pergunta determina muito do que você vai dizer e o tom que vai usar. Avalie três versões da carta que você poderá redigir:

Versão 1

Você e a síndica são amigos, mas você acha que a lei deve ser cumprida em prol do bem-estar de seus funcionários e clientes. Objetivo: receber mais informações. Tom: descontraído.

Querida Ann,

O saguão novo ficou maravilhoso. Perfeito para nós e outros inquilinos do prédio recebermos clientes e outros visitantes. Obrigado por ter feito a reforma.

Mas será que a obra já terminou? Ainda não foram feitas as adaptações para o acesso de cadeiras de rodas – como determina a lei. Talvez eu esteja me precipitando e isso ainda vá ser feito. Por favor, me diga.

Vamos almoçar juntos qualquer dia desses.

Um abraço,

Versão 2

Você e a síndica se dão bem, mas, por princípio, você não quer estar em um prédio que não atende às determinações do EPD. Há um funcionário da empresa com deficiência física, e você espera que a situação seja resolvida. Objetivo: fazer com que o descuido seja corrigido. Tom: mais urgente.

Prezada Ann,

Ficamos encantados, aqui na Bergson, quando você reformou o primeiro andar e o tornou muito mais convidativo, tanto para inquilinos quanto para visitantes. No entanto, ficamos preocupados com a falta de rampas de acesso para cadeiras de rodas e portas automáticas para funcionários e clientes com deficiência, itens exigidos pela legislação estadual e federal. Talvez você ainda esteja planejando essa parte da obra. Nesse caso, por favor, avise-nos.

Caso tenha sido um mero descuido, você poderia nos garantir que a construção das rampas e a instalação das portas automáticas começarão dentro de sessenta dias? Caso contrário, segundo nosso entendimento, podemos ser obrigados a comunicar a infração à Comissão de Edificações de Vermont. Sem os ajustes, o prédio estará sujeito a multas pesadas – mas temos certeza de que a administração está empenhada em cumprir a lei.

Atenciosamente,

Versão 3

Você já passou por diversos desentendimentos com a síndica e descobriu um imóvel melhor para instalar sua empresa. Objetivo: rescindir o contrato. Tom: firme, mas sem arruinar a relação.

Prezada Sra. Ann,

Faz quatro semanas que a reforma do primeiro andar do nosso prédio terminou. Gostaríamos de saber se procurou orientação jurídica. Observamos que a senhora violou o Estatuto da Pessoa com Deficiência – assim como a lei estadual – ao não construir uma rampa de acesso para cadeiras de rodas e não instalar portas automáticas para visitantes com deficiência. Como já se passaram quatro semanas desde a conclusão das obras, temos direito, de acordo com a lei estadual, a rescindir nosso contrato. Esta carta funcionará como a devida notificação de trinta dias.

Embora não tenhamos dúvida de que não houve má-fé, queremos que entenda que não podemos permanecer no prédio; na verdade, já temos planos para nos instalarmos em outro lugar.

Esperamos continuar mantendo nossa relação cordial durante a transferência e depois dela.

Atenciosamente,

As três cartas são bem diferentes, pois os objetivos são diversos. Concentre-se na reação que está tentando provocar no leitor. Você quer resultados. Mas repare que mesmo a carta mais severa – a versão 3 – mantém um tom cortês, de modo a suscitar boa vontade. Nenhuma hostilidade é necessária.

Recapitulando

- Analise seu objetivo e seu destinatário antes de começar a escrever e deixe que eles orientem o que você vai dizer e de que forma.

- Exponha claramente o assunto do texto e o que você deseja.

- Tenha sempre em mente seu objetivo: não enfraqueça seus esforços com um tom hostil ou inadequado.

Capítulo 2
Compreenda seus leitores

A comunicação é uma atividade de mão dupla. Sem nenhum conhecimento sobre os seus leitores – e, aliás, sobre psicologia em geral –, raramente você conseguirá transmitir suas ideias. Quais são os objetivos e prioridades deles? Que pressões enfrentam? O que os motiva?

Respeite o tempo dos leitores

As observações mais importantes que você deve ter em mente no que diz respeito aos destinatários de textos corporativos são as seguintes:

- Seus leitores são ocupados – *muito* ocupados.

- Eles têm pouca ou nenhuma obrigação de ler o que você coloca na frente deles.

- Se você não for direto ao ponto, será ignorado pelos seus leitores – assim como você tende a ignorar mensagens longas e intricadas quando as recebe.

- Diante da menor dificuldade para entender o que você está dizendo, a leitura será interrompida – e você, subestimado.

- Caso seus leitores não recebam bem a sua mensagem, seria melhor nem tê-la escrito.

Essas tendências são universais e se tornam cada vez mais importantes à medida que você sobe na hierarquia de uma empresa. Seu trabalho como redator, então, passa a ser:

- Provar rapidamente que tem algo importante para dizer – importante para *seus leitores*, e não apenas para você.

- Não perder tempo ao fazê-lo.

- Escrever com tanta clareza e eficiência que a leitura de seu texto será algo fácil – e até agradável.

- Usar uma entonação que o torne cativante, para que seus leitores desejem passar tempo com você e com sua mensagem.

Ao agir assim, você terá um grande reservatório de boa vontade. E, além de melhorar a sua vantagem competitiva, também poupará tempo e dinheiro.

Adapte sua mensagem

Ao escrever um memorando para colegas de trabalho, por exemplo, avalie a posição em que eles se encontram e de que forma se espera que eles contribuam para o sucesso da organização. Se for responder a uma solicitação de projeto por parte de um cliente, aborde todas as necessidades relacionadas no documento, levando em consideração a atividade, o tamanho e a cultura da empresa dele. Seu tom pode variar dependendo do destinatário, assim como o conteúdo. Você também deve dar destaque aos elementos que mais interessam a quem vai ler – o que pode ser resumido na frase "Como essa pessoa lucraria com isso", sempre muito importante.

Conecte-se com leitores específicos para se relacionar com um público maior

É um desafio escrever para muitos e diversificados leitores, principalmente quando você não os conhece. Mas é possível tornar a tarefa mais fácil concentrando-se em alguém que você conheça. No prefácio que fez para o *Manual de linguagem simples,* da Comissão de Valores Mobiliários dos Estados Unidos, Warren Buffett (um dos maiores investidores do mundo) sugere que, ao redigir um texto, o redator tenha sempre em mente um determinado leitor:

> Quando escrevo o relatório anual da Berkshire Hathaway, faço de conta que estou conversando com minhas irmãs. Embora muito inteligentes, elas não são especialistas em contabilidade nem em finanças. São capazes de entender um inglês simples, mas jargões as deixarão confusas. Meu objetivo é apenas su-

pri-las das informações que eu gostaria que elas me dessem se nossas posições estivessem invertidas. Para ser bem-sucedido na tarefa, não preciso ser nenhum Shakespeare; mas preciso ter um sincero desejo de informar.

Ao imaginar um leigo como seu destinatário – ou, como Buffett, fazer de conta que está escrevendo para um parente ou amigo –, você encontrará equilíbrio entre sofisticação e acessibilidade. Seu texto será mais atraente e mais persuasivo.

Seus leitores podem ter pouco ou nenhum conhecimento prévio sobre os fatos expostos. Mas presuma que são pessoas inteligentes. Eles serão capazes de acompanhar seu raciocínio se você lhes fornecer as informações de que precisam, e não ficarão desorientados com uma conversa vazia e enfadonha.

NÃO ASSIM:

Pretendemos ser um parceiro primordialmente preocupado em ensejar aos nossos clientes uma aquisição máxima de lucros e vantagens possíveis, e nos concentramos em clientes com necessidades complexas e diversificadas, entidades corporativas de médio porte, agentes empresariais individuais ou múltiplos e clientes institucionais que visem maximizar seus lucros. Ouvindo atentamente suas necessidades e lhes oferecendo as melhores soluções, proporcionamos aos que desejam obter acesso aos nossos serviços um excelente conjunto de decisões em seu portfólio de ações, considerando a conjuntura econômica no período da consulta, assim como as restrições fiscais a que o cliente está sujeito.
No cenário de mudanças significativas em nossas atividades, nós nos esforçamos para assegurar aos nossos clientes uma ajuda constante, de modo que eles realizem seus objetivos e prosperem, enquanto nós continuamos a reforçar a assistência aos nossos clientes-chave com equipes de executivos graduados e dedicados, capazes de implantar e utilizar nosso modelo de negócios integrado. Alicerçados por uma forte capitalização, altos níveis de satisfação dos clientes e reconhecimento de nossa marca, alcançamos ganhos significativos no mercado. Esperamos que você tenha uma impressão favorável acerca dos atributos quantitativos

e qualitativos de nossa firma e fique propenso a utilizar nossos serviços quando empreender seus projetos financeiros.

MAS ASSIM:

Somos uma empresa com foco no cliente, dedicada a garantir que você obtenha o máximo com nossos serviços. Nossa base de clientes inclui empresários, empresas de médio porte e grandes corporações. Oferecemos orientação financeira sintonizada com a atual conjuntura econômica e com o que vocês estejam dispostos a investir. Há anos recebemos consistentemente as melhores avaliações e já vencemos o cobiçado Prêmio Clairborne – por excepcional atendimento aos clientes – dezessete vezes em 37 anos de atividade. Esperamos ter a oportunidade de trabalhar com vocês em seus empreendimentos financeiros.

Recapitulando

- Entenda que seus leitores não têm tempo a perder: chegue ao ponto principal rápida e claramente para ter certeza de que sua mensagem será lida.

- Use um tom adequado a seu público.

- Enfatize os itens mais importantes para os seus leitores. Se eles perceberem logo que sua mensagem é relevante, mais chances ela terá de ser lida e respondida.

- Imagine um integrante de seu público que não seja especialista e escreva pensando nele. Assim sua mensagem será mais acessível e persuasiva para todos.

Capítulo 3
Divida o processo de redação em quatro etapas

Você fica nervoso sempre que começa a escrever? Sua principal dificuldade, provavelmente, é descobrir por onde começar. Não tente imaginar o texto completo antes de ter reunido e organizado seu material. É cedo demais para pensar no produto final, já lapidado – isso só aumentará a dificuldade do desafio que você tem pela frente. A preocupação pode deixá-lo mais perturbado que a própria redação.

Portanto, divida seu trabalho. Não pense na redação como uma tarefa gigantesca, mas como uma série de pequenas tarefas. A poetisa, escritora e professora Betty Sue Flowers as imagina como atribuições de diferentes personagens em nosso cérebro: LACJ.* A sigla corresponde, em português, a Louco-Arquiteto-Carpinteiro--Juiz e representa as etapas pelas quais um redator precisa passar:

---

* FLOWERS, Betty S. *Madman, Architect, Carpenter, Judge: Roles and the Writing Process*. In: Conference of College Teachers of English, 44, 1979, Texas. *Anais...* Texas: Universidade do Texas. pp. 7–10.

- O **Louco** reúne material e gera ideias.

- O **Arquiteto** organiza as informações e prepara um esboço, mesmo que simples.

- O **Carpinteiro** põe seus pensamentos em palavras, montando as frases e os parágrafos conforme o projeto do Arquiteto.

- O **Juiz** faz o controle de qualidade e aperfeiçoa a redação – tornando a linguagem concisa e corrigindo a gramática.

Você será mais eficiente se executar as tarefas nessa ordem. É claro que será necessário refazer algumas delas. Talvez seja preciso, por exemplo, rascunhar novos materiais caso identifique lacunas a serem preenchidas. Mas faça o possível para compartimentar as diferentes tarefas e abordá-las na ordem especificada.

Comece com o Louco

Aceite com gratidão suas boas ideias quando elas aparecerem. No entanto, se você for metódico e realizar um brainstorming antes do processo, verá que muitas delas virão ainda mais cedo – e evitará, em grande parte, o problema de pensar no melhor argumento apenas depois de finalizar e distribuir o texto.

Obtenha o material a partir de sua memória, pesquisas, observações, conversas com outras pessoas, de seu raciocínio, suas especulações e imaginação. Talvez o problema a ser resolvido pareça insolúvel e você possivelmente encontre alguma dificuldade para adotar uma abordagem satisfatória. (Como convencer os funcionários do financeiro a aprovar sua requisição orçamentária no momento em que eles as estão rejeitando a torto e a direito? Como fazer o conselho de administração encarar de forma diferente uma proposta de fusão?) Não deixe que o tamanho do desafio o desencoraje. Acumular ideias e fatos logo antes do processo o ajudará a superar a ansiedade para escrever o que precisa.

Qual a melhor maneira de manter o controle dessas ideias? Antigamente as pessoas usavam fichas. (Eu escrevi meus primeiros livros assim.) Mas hoje em dia o meio mais fácil é criar uma planilha eletrônica com o seguinte conteúdo:

- Etiquetas que indiquem as ideias que você está tentando defender.

- Dados, fatos e opiniões que você irá agrupar sob cada ideia – tendo o cuidado de colocar citações diretas entre aspas.

- Suas fontes. Inclua o título e a página, se estiver citando um livro ou um artigo, e a URL, caso esteja citando uma fonte on-line.

Em suas anotações, separe os fatos das opiniões. Certifique-se de fornecer-lhes o devido crédito quando necessário. Você terá problemas se usar pensamentos de outras pessoas como se fossem seus, pois provavelmente não conseguirá fundamentá-los de modo convincente. E pior: será acusado de plágio.

Essa preparação toda poupará tempo enquanto você estiver projetando o seu texto e o ajudará a criar um documento bem fundamentado e persuasivo.

Deixe o Arquiteto assumir o comando

A frustração pode acontecer algumas vezes enquanto você tenta buscar um modo de organizar o seu texto. Se uma abordagem lógica não lhe ocorrer mesmo após ter pesquisado e procurado ideias, talvez seja necessário ir à caça novamente. O objetivo é chegar ao ponto de escrever três frases – completas – que resumam as suas ideias. Organize-as, então, na ordem mais lógica do ponto de vista do leitor (leia o capítulo 4). Esse será o esqueleto do seu rascunho, que basicamente deve reunir tudo que é necessário antes de você começar a escrever.

Dê ao Carpinteiro uma agenda cheia

A chave para obter um primeiro rascunho razoável é escrever o mais rápido possível (você lerá mais sobre isso no capítulo 5). As correções virão depois. Por enquanto, não perca tempo aperfeiçoando as frases do seu texto. Se optar por esse caminho, acabará dando margem ao chamado "bloqueio de escritor". Mantenha o Juiz longe dessa etapa e tente escrever de uma só vez.

Chame o Juiz

Com tudo escrito, é hora de refletir – pese suas palavras, preencha lacunas, amplie aqui e abrevie ali. Reveja seu texto verificando um item de cada vez: a exatidão das frases, o tom, a qualidade de cada transição e assim por diante. (Para um *checklist* editorial, leia o capítulo 6.) Se tentar fazer tudo ao mesmo tempo, você não sairá do lugar. Assim, reserve um bom período para várias revisões – gaste aproximadamente o mesmo tempo que levou para pesquisar e escrever. Você encontrará problemas, certamente, mas também melhores soluções.

Recapitulando

- Aborde cada projeto como uma série de tarefas administráveis usando o método LACJ.

- Use o Louco para reunir material para o projeto, anotando as citações e as fontes. Tente encontrar as melhores ideias concentrando-se metodicamente no início do processo.

- Permita que o Arquiteto organize a matéria-prima em um esboço lógico. Apoie suas ideias em três afirmativas principais.

- Na fase do Carpinteiro, escreva o mais rápido possível – sem se preocupar em aperfeiçoar seu texto.

- Por fim, assuma o papel do Juiz para editar e aprimorar o texto. Faça isso em etapas distintas, um elemento da redação de cada vez.

Capítulo 4
Antes de escrever, anote suas ideias principais

Um matemático me disse certa vez que existem somente quatro números no mundo: um, dois, três e muitos. Há alguma verdade nisso: para muitas pessoas, é complicado reter mais de quatro itens na memória ao mesmo tempo. Mas uma proposta, um relatório ou qualquer outro texto de redação comercial não pode ser suficientemente embasado se repousar sobre apenas uma ou duas ideias.

Portanto, escreva suas três percepções principais em frases completas e explicite a lógica que o orientou tão claramente quanto possível. Assim você se obrigará a analisar seus motivos para recomendar um vendedor, por exemplo, ou fazer uma oferta a um cliente – e construirá uma argumentação mais forte.

Pensar demais à medida que escreve pode ser um obstáculo, visto que não é possível adivinhar as reações do leitor. A afobação o fará esclarecer o texto todas as vezes que intervir em suas frases. No fim, após muitas tentativas, talvez você descubra o que tem a dizer, mas provavelmente de uma maneira confusa à compreensão do seu leitor.

Um exemplo de como encontrar o foco

Digamos que seu nome seja Carol Sommers e que você trabalhe em uma pequena firma de consultoria. O proprietário, Steve, está pensando em adquirir um prédio com cerca de 1.600 metros quadrados para instalar seu novo escritório. Como você é a gerente do escritório, Steve lhe pediu que refletisse sobre a logística e redigisse suas conclusões antes de a empresa fazer uma oferta para comprar o prédio. No início, você fica confusa – há muitos fatores a serem analisados. Mas tem que começar por algum lugar.

Então, antes de escrever o memorando, você veste o chapéu do Louco e compõe uma lista de considerações:

- Propriedade;

- Manutenção;

- Acabamento;

- Segurança;

- Escritórios *vs.* cubículos;

- Valores no mercado (comparáveis?);

- Cronograma;

- Impostos;

- Estacionamento para funcionários e visitantes;

- Inspeção ambiental e aspectos relacionados;

- Transição amena: serviços de internet, atualizar o endereço para correspondências, novos itens de escritório, atualizar os contatos de negócios, assinaturas, etc.;

- Seguros;

- Deixar o prédio atual sem conflitos com o síndico;

- Transpor a sinalização interna para o novo local?

Trata-se apenas de *tópicos*, não de pensamentos formados. Mas com eles é possível iniciar a fase do Arquiteto agrupando-os em três categorias.

Responsabilidades de Steve (antes da compra):

- Considerar a possibilidade de uma inspeção ambiental para determinar se o prédio possui problemas ocultos. Nosso corretor de imóveis comerciais pode ajudar;

- Verificar com nosso contador quais as consequências tributárias que – dependendo da data de fechamento do escritório – poderão ocorrer;

- Perguntar ao contador e, talvez, a um advogado tributarista se Steve deve adquirir o imóvel pessoalmente, se a aquisição deve ser feita pela empresa ou se uma organização recém-formada (uma sociedade de responsabilidade limitada, por exemplo) deve adquirir o imóvel. Podem surgir problemas de responsabilidade legal.

Minhas responsabilidades (antes da aquisição):

- Calcular os custos da cobertura securitária;

- Entrevistar empreiteiros visando a adequar o espaço às nossas necessidades. (Observação pessoal: confirmar se é possível incluir os acabamentos na hipoteca.);

- Calcular os custos anuais de segurança como a que temos atualmente.

Minhas responsabilidades (depois da aquisição):

- Contratar a manutenção (limpeza e coleta de lixo, manutenção do gramado e cuidados com o estacionamento);

- Planejar a mudança de modo que a transição das operações transcorra confortavelmente (mudança física, atualização de endereço, serviços de telefone e internet, materiais de escritório com o novo endereço, informes aos clientes, transposição de sinalização interna, etc.);

- Ajudar Steve a planejar a disposição arquitetônica do escritório, com o intuito de facilitar a comunicação e otimizar o uso do espaço interno.

Para conseguir tudo isso, tente se colocar no lugar de Steve.

Imagine o que você desejaria que *sua* gerente de escritório pensasse para ajudá-lo a desempenhar melhor as suas tarefas. Algum trabalho de campo seria necessário – conversar com funcionários de empresas que se mudaram recentemente ou adquiriram imóveis novos. Não consegue encontrar ninguém assim em sua rede profissional? Peça ao corretor de imóveis comerciais que a coloque em contato com um ou dois de seus clientes.

Para cada etapa, listamos três grandes temas – segundo o *nosso* entendimento. Veja agora como é fácil começar o trabalho do Carpinteiro (escrever um memorando útil para Steve):

Memorando

Para: Steve Haskell
De: Carol Sommers

Re: Possível aquisição do prédio situado à avenida Maple, 1.242

Data: 12 de abril de 2012

Conforme sua solicitação, refleti sobre a logística de aquisição e mudança para o imóvel da avenida Maple. Apresento minhas sugestões para cada estágio do processo.

Presente

Gostaria de obter sua aprovação para iniciar imediatamente as seguintes tarefas, que nos darão uma ideia mais completa dos custos de aquisição e mudança:

- Calcular os custos da cobertura securitária;

- Entrevistar empreiteiros visando a adequar o espaço às

nossas necessidades. (Verifiquei com o banco a possibilidade de incluir os acabamentos na hipoteca e, segundo fui informada, é possível.);

- Calcular os custos anuais de segurança semelhante à de que dispomos atualmente.

Antes do fechamento do escritório

Se decidir prosseguir com a compra, e a oferta for aceita, eu me encarregarei destes itens antes de acertarmos o empréstimo:

- Providenciar pelo menos uma inspeção completa do prédio;

- Trabalhar com nosso contador, tanto quanto deseje, para deixar os papéis em ordem, de modo a obter o financiamento bancário mencionado;

- Assegurar que todas as devidas diligências sejam cumpridas no prazo.

Após o fechamento do escritório

Nessa etapa, cuidarei dos detalhes práticos da mudança:

- Ajudá-lo a planejar a disposição arquitetônica do escritório, a fim de facilitar a comunicação e otimizar o uso do espaço interno;

- Planejar a mudança de modo que a transição das operações transcorra suavemente (mudança física, transferências de endereço postal, números de telefone, endereço de internet, materiais de escritório com o novo endereço, informes aos clientes, transposição de sinalização interna, etc.);

- Contratar a manutenção (limpeza e coleta de lixo, manutenção do gramado e cuidados com o estacionamento).

Assuntos para sua deliberação

Enquanto eu estiver cuidando das tarefas mencionadas, talvez você queira:

- Considerar uma inspeção ambiental para determinar se o prédio possui algum problema oculto. Nosso corretor de imóveis comerciais pode ajudar – terei prazer em agendar um encontro, se você quiser;

- Verificar com nosso contador quais as consequências tributárias que – dependendo da data de fechamento do escritório – poderão ocorrer;

- Perguntar ao contador e, talvez, a um advogado tributarista se você deve adquirir o imóvel pessoalmente (hipótese altamente improvável), se a aquisição deve ser feita pela Haskell Company ou se uma organização recém-formada (uma sociedade de responsabilidade limitada, por exemplo) deve adquirir o imóvel. No caso de propriedade plena, você ou a empresa podem enfrentar problemas de responsabilidade legal.

Evidentemente, estarei sempre à disposição para quaisquer outras tarefas que você entenda necessárias. Basta me chamar.

A redação prévia dividida em três segmentos resultou em um memorando claro e útil. Ajudou-nos a prevenir o "bloqueio de escritor", a organizar o material e a fazer recomendações concisas e bem pensadas.

Mas você notou que o memorando definitivo dividiu os tópicos em quatro, e não em três categorias? Por mais que eu tentasse pensar em tudo antes de escrevê-lo, não consegui. Verificando minha lista preliminar, identifiquei uma lacuna no tempo – um período no qual haveria outras tarefas necessárias. Assim, adicionei a categoria "Antes do fechamento do escritório" e escrevi os itens dela às pressas. No entanto, provavelmente não teria pensado neles se não tivesse um plano inicial. A organização das ideias principais em conjuntos de três me ajudou a perceber a lacuna "antes do fechamento"; assim, preenchê-la não foi difícil.

A ordem das categorias também mudou. Por que passar as tarefas de Steve para o final? O memorando era sobre o que você, Carol Sommers, gerente do escritório, poderia fazer para Steve. Para pensar em suas responsabilidades, foi preciso identificar as responsabilidades de Steve. Esse foi seu ponto inicial de raciocínio – mas não era adequado ao memorando.

Não ficaria bem dizer a seu chefe, logo de início, o que ele precisa fazer. Não é sua função e não foi o que ele pediu. Assim, as atribuições de Steve entraram no final, como lembretes úteis. Desse modo você consegue apontar para Steve quais as suas principais atribuições no momento, o que facilita, para ele, a tomada de decisões futuras.

Recapitulando

- Encontre seu foco gerando inicialmente uma lista de tópicos a serem abordados.

- Desenvolva as ideias ainda não trabalhadas em frases completas e separe os pontos principais em conjuntos de três.

- Organize os conjuntos em uma sequência lógica, tendo em mente as necessidades do leitor.

Capítulo 5

Escreva o texto final – rapidamente

Assim que escrever os três pontos principais que o farão entender o seu destino, você entrará no modo Carpinteiro – pronto para juntar as ideias que teve e organizou. Escreva o mais rápido possível. Suas frases devem ser mais curtas do que normalmente seriam, e suas expressões, mais naturais; assim seu rascunho começará a tomar forma antes mesmo que você perceba. Se escrever tem a sua parte difícil, é justamente o começo. Ao diminuir a duração, não fica tão doloroso assim.

Controle seu tempo

Para evitar preocupações prematuras, escreva contra o relógio. (Escritores criativos chamam isso de "escrever a jato".) Reserve de cinco a dez minutos para rascunhar cada seção – a abertura, o corpo da matéria e o fechamento – e cronometre o tempo em seu computador ou telefone para se manter dentro do limite.

Não edite durante o processo

É contraproducente permitir que o Juiz e o Carpinteiro trabalhem lado a lado. Isso significa simplesmente fazer várias coisas ao mesmo tempo – ou, em outras palavras, ocupar-se de duas tarefas de forma ineficiente em vez de sequencialmente. Além disso, a área do cérebro responsável pela edição é incompatível com a da produção. Quem precisa de um crítico rigoroso se intrometendo quando você está tentando criar algo novo e diferente? É melhor manter o Juiz afastado enquanto redige o primeiro rascunho. Haverá tempo para editar mais tarde.

Não espere pela inspiração

A inspiração raramente vem quando desejamos. De qualquer forma, após o seu cuidadoso planejamento, você não precisará dela. Como disse o perito em gerenciamento Peter Drucker em sua frase famosa sobre inovação, escrever bem requer trabalho cuidadoso e consciente, não um "lampejo de gênio".

Se seguir o processo LACJ, você trará a inspiração para si mesmo – e minimizará a procrastinação. Após o trabalho completo do Louco e do Arquiteto, você estará apto a escrever. Marque a hora em que o Carpinteiro entrará em ação e comece a se empenhar.

Em primeiro lugar, escreva sobre algum assunto de seu domínio. Se o texto travar, siga em frente. É necessário encontrar um ritmo. Se, ao voltar à passagem problemática, ainda não conseguir se expressar, diga em voz alta (para si mesmo ou para um colega) o que está tentando transmitir. Falar às vezes nos ajuda a encontrar as palavras certas. O objetivo é colocar as ideias no papel – sabendo que ainda terá tempo para aperfeiçoá-las na fase seguinte.

Recapitulando

- Escreva o primeiro rascunho o mais rápido possível.

- Não espere pela inspiração. Reserve de cinco a dez minutos para cada seção quando estiver rascunhando.

- Resista ao impulso de aperfeiçoar o texto enquanto o redige. Deixar a edição para quando o rascunho estiver terminado evitará que o Juiz atrapalhe seu avanço.

- Agende um momento para que o Carpinteiro entre em ação – e, quando chegar a hora, comece.

- Se encontrar dificuldades para continuar, siga para um aspecto do seu texto com o qual se sinta mais confortável e retorne ao problema mais tarde, quando o fluxo já estiver estabelecido.

Capítulo 6
Melhore o que escreveu

Ao redigir um rascunho completo, primeiro vem a revisão e depois a edição. Revisar é reconsiderar o que você está dizendo, como um todo, e quando. É repensar as fundações do seu texto. A edição diz respeito ao aprimoramento de frases e parágrafos. Você precisa reservar algum tempo para ambas as tarefas. Não deixe que qualquer obsessão neurótica por perfeccionismo retarde projetos importantes. Mas isso não significa produzir um texto desleixado, sem as devidas verificações e melhorias.

Revisando

Como revisor, você deve fazer diversas perguntas:

- Fui totalmente sincero?

- Disse tudo que precisava ser dito?

- Fui adequadamente diplomático e justo?

- Dividi o trabalho em três partes – a abertura, o corpo da matéria e o fechamento?

- Na abertura, estabeleci meus objetivos rápida e claramente? E de forma contundente?

- Consegui evitar uma conclusão demorada, que acabaria prejudicando desnecessariamente a mensagem?

- Provei meus pontos de vista com detalhes precisos no corpo da matéria?

- A estrutura do texto é imediatamente compreensível para os meus leitores? Usei títulos informativos?

- Minha conclusão está de acordo com o restante do texto – porém expressa de outra forma? Consegui evitar repetições que empobreceriam o texto?

Editando

Na edição, enquanto lê atentamente suas frases e parágrafos, você precisa se perguntar:

- Posso poupar algumas palavras aqui?

- Há algum modo melhor de exprimir essa ideia?

- Meu propósito está claro?

- Posso tornar o texto mais interessante?

- O modo de expressão está descontraído, mas refinado?

- Cada sentença se liga à seguinte sem descontinuidade?

Um exemplo de revisão e edição

Para entender o processo mais concretamente, vamos observar como um memorando interno toma forma mediante três rascunhos. O primeiro deles não é muito claro e omite informações importantes, mas contém o cerne de uma ideia:

Primeiro rascunho

Para: Todo o pessoal de vendas
De: Chris Hedron
Assunto: Mudanças nos procedimentos para o processamento de pedidos

De modo a facilitar o andamento dos pedidos dos clientes, criamos um novo procedimento para o processamento de pedidos. O processo exigirá que um cliente insira o nome do produto e/ou o código do serviço em nosso sistema de entrada de pedidos, o que então irá gerar uma cotação para o trabalho que será encaminhada ao cliente, para aprovação. Isso dará tempo ao cliente para avaliar a cotação e comunicar quaisquer mudanças antes que o trabalho seja iniciado. Ao recebermos do cliente sua aprovação escrita, a cotação será transformada em uma ordem de serviço. Esse procedimento tornará mais fácil e mais rápido, para nós, o processamento dos pedidos dos clientes.

Esse memorando precisa de alguma amplificação, sobretudo no tocante a quem, o quê, por quê e quando. O segundo rascunho, já uma completa revisão, agrega muitos elementos que não estavam claros no primeiro.

Segundo rascunho

Para: Todo o pessoal de vendas
De: Chris Hedron
Assunto: Novo procedimento para o processamento de ordens de serviço

Como nosso atual procedimento para o processamento de ordens de serviço exige um pouco mais de papelada e telefonemas, fica difícil para os clientes fazer modificações antes do início do trabalho. O procedimento é ineficaz e sujeito a inúmeros erros. E demora até quatro semanas, desde a cotação até a aprovação e a ordem de serviço. Assim, imaginamos um novo sistema para o processamento das ordens, que permitirá aos clientes fazer os pedidos através do nosso site; isso nos dará mais rapidez.

A partir de janeiro de 2013, informaremos nossos clientes a respeito do novo sistema e, em 20 de abril de 2013, o implementaremos. Ele funcionará como explicado a seguir. Em primeiro lugar, para solicitar ou modificar uma ordem de serviço, os clientes devem visitar nosso site e solicitar uma cotação, preenchendo um formulário detalhado e gerando um número de pedido. Em segundo lugar, enviaremos ao cliente uma cotação para ser aprovada. Em terceiro, caso o cliente aprove a cotação, poderá retorná-la com uma assinatura eletrônica e o número do pedido. Em quarto lugar, transformaremos imediatamente a cotação em uma ordem de serviço. Modificações nas ordens de serviço poderão ser feitas através do mesmo procedimento, com uma diferença: em vez de uma cotação, os clientes devem solicitar uma mudança na ordem de serviço.

O objetivo aqui foi dizer tudo que precisava ser dito – e não refinar o estilo. Agora, no entanto, já é possível iniciar o ajuste fino e produzir um rascunho muito melhor.

Terceiro rascunho

Para: Todo o pessoal de vendas
De: Chris Hedron
Assunto: Novo procedimento para o processamento de ordens de serviço

Nosso atual sistema para o processamento de ordens de serviço exige um pouco de papelada e telefonemas, portanto é difícil, para nossos clientes, fazer modificações no trabalho antes que ele comece. O procedimento é ineficiente e sujeito a erros, além de demorar até quatro semanas, desde a cotação até a aprovação e a ordem de serviço. Assim, imaginamos um novo procedimento em quatro etapas que oferece dois benefícios fundamentais: (1) os clientes poderão fazer os pedidos através do nosso site e (2) poderemos iniciar os trabalhos mais rapidamente.

A partir de janeiro de 2013, informaremos aos nossos clientes sobre o novo procedimento, que será implementado em 20 de abril de 2013, em quatro etapas:

- Os clientes poderão visitar nosso site e solicitar a cotação para um trabalho preenchendo um formulário e gerando um número de pedido.

- Enviaremos, então, uma cotação para ser aprovada pelo cliente.

- O cliente poderá retornar a cotação aprovada com uma assinatura digital.

- Instantaneamente converteremos a cotação em uma ordem de serviço.

Mudanças nas ordens de serviço poderão ser feitas através do mesmo procedimento, com a diferença de que, em vez de uma cotação, os clientes devem solicitar uma modificação.

Recapitulando

- Reserve bastante tempo para revisar e editar seu trabalho.

- Analise o rascunho como um todo. Examine mais de uma vez o conteúdo e a estrutura: você disse tudo que precisava dizer – e de modo eficiente?

- Edite, então, o seu trabalho, lapidando o texto para tornar a redação mais concisa, vigorosa e refinada.

Capítulo 7
Use gráficos para ilustrar e elucidar

Quando escrever sobre ideias complexas, por exemplo, ou procurar meios eficazes para quebrar uma longa sequência de texto, use uma tabela elegante para transmitir informações importantes de imediato. Esses gráficos são úteis principalmente para pessoas que desejam ter uma rápida ideia do assunto sobre o qual você escreveu.

Alguns princípios fundamentais:

- Assegure-se de que seus gráficos ilustrem algo discutido no texto.

- Coloque-os perto do texto que ilustram, de preferência na mesma página ou na página oposta.

- Use legendas e códigos que os leitores entendam facilmente.

Seria uma enorme negligência terminar este capítulo sem um gráfico, portanto aí está um deles, para enriquecê-lo. Observe que, ao folhear o livro, seus olhos param aqui. Isso se deve ao fato de que qualquer fuga ao padrão adquire ênfase especial. No entanto, se a cada três ou quatro páginas houvesse um gráfico, o efeito seria anulado. Assim, torne seus gráficos atraentes – mas não exagere.

TABELA DE QUEM–POR QUÊ–O QUÊ–QUANDO–COMO

Para **quem** você está escrevendo?	*Ponto-chave: considere as preocupações, as motivações e a formação de seus leitores.*
Por que você está escrevendo?	*Ponto-chave: mantenha-se firme ao seu objetivo. Todas as frases deverão estar voltadas para ele.*
O que precisa ser dito?	*Ponto-chave: inclua apenas os pontos e detalhes principais que explicitarão claramente sua mensagem.*
Quando você espera que as ações sejam realizadas?	*Ponto-chave: delimite seu intervalo de tempo.*
Como sua comunicação beneficiará seus leitores?	*Ponto-chave: torne claro, para os leitores, que você está atendendo às necessidades deles.*

Recapitulando

- Resuma seu relatório (ou parte dele) em um gráfico, diagrama ou qualquer recurso visual que ajude seus leitores a compreender o conteúdo e sua importância.

- Pesquise recursos visuais que você tenha achado eficazes para montar seu gráfico.

Seção 2
Desenvolvendo suas habilidades

Capítulo 8
Seja implacavelmente claro

A clareza pode ser uma faca de dois gumes. Ao ser franco quando declara uma posição ou recomenda uma linha de ação, você assume riscos. Pessoas que não querem se comprometer escrevem de forma inexpressiva. Talvez queiram deixar espaço para que suas ideias evoluam no decorrer dos acontecimentos. Ou talvez pretendam, mais tarde, reivindicar o crédito pelos bons resultados ou negar a responsabilidade pelas consequências ruins.

O fato, na verdade, é que os leitores não pensarão o quanto essas pessoas são sábias e prudentes, mas o quanto são covardes e sem disposição, lentas demais para perceber (muito menos avaliar) as oportunidades em jogo. Portanto, tenha coragem.

Adote a perspectiva do leitor

Sempre julgue a clareza do ponto de vista do leitor – não do seu. Mostre seu texto a colegas que não estejam envolvidos diretamente com o assunto. Se eles não compreenderem bem seus objetivos, talvez seja necessário ser um pouco mais claro.

Seu intuito é escrever de forma tão explícita que não será possível para os leitores entender ou interpretar erroneamente suas palavras. Tudo que lhes exigir esforço além do comum não será absorvido – e, fatalmente, será mal compreendido.

Mantenha a linguagem simples

Simplicidade gera clareza. Procure usar palavras e frases curtas. Ao longo dos anos, pesquisas vêm confirmando que o tamanho ideal para frases inteligíveis é de no máximo vinte palavras. E você precisará de variedade para manter o interesse – algumas frases curtas, outras longas –, mas procure obter a média de vinte palavras. A cada frase, pergunte a si mesmo se poderia dizer o mesmo de forma mais resumida.

NÃO ASSIM:

Medidas para aumentar a eficiência implementadas pela empresa, com um forte envolvimento da alta direção, têm gerado economia de custos e, ao mesmo tempo, contribuído para a formação de uma cultura centrada no valor da eficiência. Esperamos que, considerando o corte de despesas desnecessárias e o controle aprimorado de outras despesas, a rentabilidade total da empresa será aumentada nos próximos quatro trimestres.

MAS ASSIM:

Os cortes de custos efetuados por nossa alta direção tornaram a empresa mais eficiente. Esperamos ser mais rentáveis nos próximos quatro trimestres.

Ao escrever sobre assuntos técnicos para um público não especializado – como, por exemplo, explicar os benefícios de um upgrade nos sistemas tecnológicos para os usuários finais ou a confecção de um manual para os participantes do plano de aposentadoria da empresa –, não tente definir cada palavra ou frase assim que aparecem. Essa medida apenas aumenta suas frases e torna o material ainda mais difícil de entender. Em alguns momentos você precisará de uma nova frase ou até de um novo parágrafo para explicar um termo ou um conceito com uma linguagem simples.

Não fale, mostre

Você provavelmente já ouviu professores de redação dizerem: "Não fale, mostre." Trata-se de um excelente conselho, não importa o que você estiver escrevendo – mesmo no caso de documentos comerciais. A ideia é ser específico o bastante para que seus leitores tirem as próprias conclusões (que combinem com as suas, é claro), em oposição a simplesmente expressar opiniões sem nenhum suporte, esperando que as pessoas concordem com elas.

Analise os seguintes exemplos:

NÃO ASSIM:	MAS ASSIM:
Ele era um chefe ruim.	Ele obteve uma promoção baseada nos relatórios detalhados de seu assistente. Mas então – apesar dos lucros recordes da empresa – negou ao assistente aumentos rotineiros, destinados a simplesmente acompanhar o aumento do custo de vida.
A empresa perdeu seu foco e começou a passar por dificuldades.	O diretor-presidente adquiriu cinco subsidiárias desvinculadas da firma – tão díspares quanto uma fábrica de papel e uma varejista de brinquedos – e depois não conseguiu pagar a dívida de 26 milhões de dólares.
As ações da OJM emitidas aos acionistas da Pantheon na incorporação constituirão uma proporção significativa das ações em circulação da OJM após a fusão. Com base nessa proporção significativa, espera-se que a OJM emita milhões de ações da OJM aos acionistas da Pantheon na fusão.	Esperamos que a OJM emita cerca de 320 milhões de suas ações para os acionistas da Pantheon na fusão. Esse número representará cerca de 42% das ações em circulação da OJM após a fusão.

ESCREVA CARTAS PARA APRIMORAR SEU ESTILO

Escrever cartas, de modo geral, é o que melhor avalia suas habilidades como redator e constitui uma prática segura para você se preparar para tarefas mais difíceis. Escreva cartas de agradecimento, de congratulação, de recomendação (quando lhe pedirem), de reclamação, cartas ao editor, anotações pessoais (manuscritas) e diversos outros tipos de texto. Se conseguir escrever boas cartas, você será capaz de escrever praticamente qualquer coisa. (Veja o capítulo 19, "Cartas comerciais", para saber como.) Isso porque as cartas podem ajudá-lo a se concentrar nos outros. Ao escrever uma carta, você se conecta a um determinado destinatário. Além disso, cartas geram empatia nas pessoas. Uma mensagem de e-mail pode criar uma boa impressão, mas terá muito menos chances de ser lembrada do que uma carta pessoal.

Para desenvolver o hábito, tente escrever algumas cartas por semana. Faça algumas manuscritas. (Quando você recebe alguma pelo correio, não é a primeira coisa que lhe chama a atenção?) Elas são pessoais e, quando bem-feitas, ganham espaço em nossas lembranças e podem até ser guardadas. Elas o ajudarão a criar e manter relacionamentos. Escreva algumas para dizer àqueles que você supervisiona quanto você valoriza os seus esforços, use-as para parabenizar colegas em promoções, motivar membros da equipe a alcançar objetivos, informar a novos associados que você está ansioso pela parceria e assim por diante. Para escrever uma boa carta, mantenha o texto limpo e tente limitá-la a uma lauda. Torne-a calorosa e amável; empregue o pronome "você" mais do que "eu" e use um papel de bom gosto.

Uma frase curta e vaga (como "Ele era um chefe ruim") pode ficar registrada na mente do leitor, mas apenas como uma impressão pessoal potencialmente tendenciosa. Só possui credibilidade se sua fonte for altamente confiável. Quanto à longa e vaga frase sobre as ações da OJM, não há nada nela que prenda a atenção dos leitores, que acabarão se cansando.

Uma redação comercial concreta é persuasiva porque está fundamentada em fatos claros e relembráveis. Quando você fornece detalhes objetivos e significativos (explicando, por exemplo, que a empresa em dificuldades "não conseguiu pagar a dívida de 26 milhões de dólares"), está oferecendo informações, não apenas a opinião de que a empresa "perdeu o foco". Você adquire credibilidade quando demonstra domínio dos fatos. E também confere à sua mensagem um poder duradouro. As pessoas não prestam atenção a abstrações, mas sim a fatos específicos. Muitas vezes nem ao menos se lembram delas.

Portanto, se você está divulgando os serviços de sua empresa de consultoria para clientes em potencial, não diga apenas que os ajudará a poupar dinheiro. Diga o quanto você já fez isso por outros clientes. Não se limite a promessas de que você tornará a vida deles mais fácil; em vez disso, faça uma lista das tarefas intricadas com as quais eles não precisarão mais se preocupar. Não se limite a afirmar que tem profunda experiência no setor de saúde. Dê nomes: mencione os diversos hospitais e centros médicos para os quais já prestou serviços; inclua testemunhos de clientes satisfeitos com o tempo e o dinheiro que você lhes poupou.

Recapitulando

- Coloque-se no lugar do leitor para avaliar se está sendo claro. Melhor ainda: verifique se algum colega pode resumir com precisão os pontos principais de seu rascunho após uma rápida leitura.

- Expresse suas ideias do modo mais simples e breve possível, projetando uma média de no máximo vinte palavras para cada frase.

- Facilite o caminho do leitor utilizando fatos concretos. Não tente empurrá-lo com afirmativas abstratas.

- Cultive a redação de cartas para aprimorar seus dotes.

Capítulo 9
Aprenda a sintetizar – com precisão

Um bom resumo é focado e específico – e está no início de seu texto para que os leitores não precisem procurar. Vai direto ao ponto, estabelece a base do que virá em seguida e não omite informações importantes.

Observe as diferenças entre o início das duas versões apresentadas a seguir.

NÃO ASSIM:

Resumo

A mudança proposta para os telefones celulares deve ser rejeitada. Pelas razões relacionadas abaixo, a empresa não será bem atendida se aceitar a proposta.

MAS ASSIM:

Resumo

No ano passado adotamos a política de suprir todos os executivos e representantes de vendas com telefones celulares, a um custo anual de

58 mil dólares (incluindo planos de voz e dados). A empresa Persephone propôs que passássemos a usar seus telefones, a um custo anual de 37 mil dólares. O comitê encarregado de avaliar essa proposta recomendou que a recusássemos por quatro razões:

1. Os novos planos reduziriam significativamente a cobertura na Europa e na Ásia; assim, nossos representantes de vendas internacionais poderiam perder oportunidades.
2. Nosso atual provedor tem sido altamente responsável e ajustou seu serviço às nossas necessidades.
3. A economia de 21 mil dólares é neutralizada por possíveis custos (uma só ligação interrompida poderia resultar em uma perda muito maior que esse valor).
4. O atendimento aos clientes da Persephone parece ser inferior, a julgar pelas avaliações on-line.

O que torna a segunda versão melhor? Ela pode ser entendida por qualquer pessoa que a leia – a qualquer momento. A primeira versão, pelo contrário, presume familiaridade com o assunto; só é clara para alguns poucos "privilegiados" – e por um período de tempo limitado. Sendo vaga, falta-lhe a credibilidade que os detalhes específicos conferem à segunda versão.

Você sente dificuldade para acrescentar a quantidade certa de pormenores que torna o resumo claro e útil? Descreva cada parágrafo ou seção com uma frase que capture quem, o quê, quando, onde, por quê e como – e tente criar a síntese a partir daí. Mantenha as necessidades dos clientes sempre em primeiro plano. Que perguntas as pessoas farão ao abrir o documento? Ofereça respostas breves, mas objetivas, a essas perguntas. Isso garante aos leitores que o texto seguinte será importante para eles.

Seja breve – mas não muito

Muitos acham que quanto mais breve o resumo, melhor. Mas a concisão sem substância não tem valor. Nunca diga mais do que a situação exige – mas nunca diga menos que o necessário. Adote a perspectiva do leitor: forneça o máximo de informações para que as pessoas se atualizem. Pense em seu resumo como um guia de estudos de seu documento. O segundo exemplo é mais longo, porém transmite a ideia central da mensagem. E não há nenhuma palavra desperdiçada, o que nos leva ao capítulo seguinte.

Recapitulando

- Faça um resumo das informações essenciais no início do documento.

- Faça um resumo de cada seção com uma frase que aborde quem, o quê, quando, onde, por quê e como – e use essas frases para montar a síntese geral.

- Forneça somente as informações necessárias para que o leitor compreenda o assunto – nem mais, nem menos.

Capítulo 10
Não desperdice palavras

Atente à importância de cada palavra. Nunca use duas palavras quando puder usar uma, três quando puder usar duas e assim por diante. E, claro, sem descuidar da linguagem. Não use pronomes possessivos a torto e a direito. Remova todas as palavras que não desempenhem função real. Essa prática poupa aos leitores tempo e esforço, além de tornar as suas ideias mais fáceis de ser entendidas e aplicadas.

A prolixidade existe em diversos níveis, desde afirmativas desconexas até repetições desnecessárias, passando por verborragias que podem ser substituídas por frases mais curtas e precisas. Seja qual for o caso, a prolixidade é sempre ruim. Analise os seguintes exemplos:

NÃO ASSIM:	MAS ASSIM:
A tendência na indústria, por parte de algumas empresas, é montar os próprios sites, e a tecnologia da internet está modificando a natureza do treinamento necessário à aquisição da capacidade de desenvolver um site em um nível aceitável de sofisticação, para que essa atividade seja cada vez mais controlada domesticamente. [50 palavras]	Como a tecnologia da internet tornou mais fácil que nunca o desenvolvimento de sites sofisticados, algumas empresas estão agora desenvolvendo domesticamente os seus. [23 palavras]
Nós não temos condições de atender ao seu pedido neste momento em função de uma greve no porto que está afetando nossas operações. [23 palavras]	Não podemos atender ao seu pedido agora por conta da greve no porto. [13 palavras]
Estou escrevendo em resposta a um certo número de problemas que têm surgido com relação ao recente anúncio de que haverá um aumento de custos para o uso de nossos computadores do saguão. [33 palavras]	Talvez você já saiba que aumentamos as taxas de uso para nossos computadores do saguão. [15 palavras]
Um grande número desses problemas pode ser resolvido prontamente, de modo a trazer soluções satisfatórias. [15 palavras]	A maior parte desses problemas pode ser prontamente resolvida. [9 palavras]

Para excluir palavras desnecessárias de seus documentos, tente:

- Substituir todas as palavras terminadas em *-ção* por um verbo, se possível. Troque "constituiu uma violação" por "violou" e "proporcionou proteção" por "protegeu".

- Substitua *é, são, era* e *foram* por verbos mais específicos, se possível. Troque *estava dependendo* por *dependia* e *é um indicativo de* por *indica*.

Veja esses truques em ação aqui:

NÃO ASSIM:	MAS ASSIM:
Os fabricantes de ferramentas para jardinagem têm sido vítimas de um fator de compressão que resultou em um aumento de unidades no mercado, acompanhado por um aumento de preços negativo e desproporcional. [32 palavras]	Excesso de unidades e preços em alta têm prejudicado a indústria de ferramentas para jardinagem. [15 palavras]
Para seu futuro próximo e imediato, em termos de metas de crescimento, a Bromodrotics, Inc. está avaliando a necessidade de um projeto corporativo. O propósito dessa avaliação de curto prazo e de médio prazo é efetuar uma determinação de como a imagem da empresa pode ser mais bem posicionada, de modo a ser útil para que a equipe de vendas atinja suas metas de crescimento. [65 palavras]	Para aumentar as vendas, a Bromodrotics precisa melhorar sua imagem. [10 palavras]

Corte palavras do seu primeiro rascunho sem dó nem piedade, contanto que se mantenha fiel aos sons e ritmos do português simples e normal. Não comprima as palavras até o ponto em que o texto pareça brusco ou pouco natural.

Outro truque desse último exemplo: eliminar recheios, como "em termos de" e "o propósito dessa", ou frases do tipo:

a esse respeito pode ser observado que

é importante ter em mente que

é interessante que

é digno de nota que

vale a pena observar que

deveria ser destacado que

será lembrado que

Recapitulando

- Nunca use mais palavras que o necessário: se puder dizer algo em duas palavras em vez de três, faça isso – contanto que o resultado ainda soe natural.

- Comprima seu texto removendo preposições, pronomes e advérbios não essenciais; substitua nomes abstratos terminados em –ção por verbos de ação quando possível; troque locuções extensas com o verbo "ser" por verbos mais específicos e diretos.

- Elimine recheios que não contribuam para a sua ideia.

Capítulo 11
Seja direto: evite o jargão comercial

É fundamental ser direto, quer você esteja tentando ser o melhor em soluções inovadoras ou simplesmente incentivando colegas a adotar uma mudança radical de pensamento sobre agregar valor ao desempenho. Uma alavancagem de ponta do seu domínio do português simples garantirá que seus itens acionáveis aumentem a sinergia de futuros atributos com repositórios de conhecimentos globais.

Brincadeira! Agora, sério: é importante escrever com simplicidade. Escreva como uma pessoa, não como uma instituição, sem usar palavras ou construções que atravanquem a comunicação. Priorize ideias reais, não clichês. Pode ser difícil, sobretudo se você estiver trabalhando com adeptos do jargão comercial. E requer muita prática.

Procure frases estereotipadas

Procure jargões comerciais em qualquer tipo de documento, de memorandos a projetos de marketing; eles estão em toda parte.

Você acabará aprendendo a localizá-los – e a evitá-los – em seu texto. Omita expressões estereotipadas, que apenas atravancam a mensagem.

O jargão comercial pode parecer uma síntese conveniente, mas sugere aos leitores que você está no piloto automático, usando clichês que as pessoas ouvem vezes sem conta. Documentos legíveis, pelo contrário, demonstram cuidado e atenção.

NÃO ASSIM:	MAS ASSIM:
assim que lhe for conveniente	assim que puder
à luz do fato de que	porque
conforme nossa conversa telefônica na data de hoje	como conversamos hoje de manhã
De acordo com suas instruções, eu me encontrei hoje com Roger Smith para conversar a respeito do que está mencionado acima.	Como você solicitou, encontrei-me hoje com Roger Smith.
Por favor, não se esqueça de que a data-limite para a competição acima mencionada é segunda-feira, dia 2 de abril de 2012.	A data-limite é 2 de abril de 2012.
Obrigado por sua cortesia e cooperação com relação a este assunto.	Obrigado.
Agradeço antecipadamente sua cortesia e cooperação a esse respeito. Por favor, não hesite em entrar em contato comigo se tiver alguma dúvida com relação a esse assunto.	Obrigado. Qualquer dúvida, por favor, telefone.

Capítulo 11. Seja direto: evite o jargão comercial 73

Escrever com simplicidade significa expressar ideias da forma mais direta possível – sem sacrificar o significado ou o tom.

Tomemos como exemplo novamente Warren Buffett, um dos mais inteligentes líderes empresariais do planeta – e um homem que dá grande importância à redação comercial. Veja como ele reescreveu uma curta passagem que encontrou no prospecto de uma firma de serviços financeiros. Leia todo o primeiro trecho antes da versão de Buffett, logo abaixo. E observe quantas frases em jargão foram cortadas após a condensação.

NÃO ASSIM:

As decisões de gerenciamento de maturidade e duração são tomadas *no contexto de* uma orientação intermediária de maturidade. A estrutura de vencimentos da carteira é ajustada na *antecipação* de variações cíclicas da taxa de juros. Esses ajustes não são feitos de forma a capturar os movimentos diários de curto prazo no mercado, mas são *implementados em antecipação* a mudanças seculares nas taxas de juros de longo prazo (ou seja, mudanças que transcendem e/ou não são inerentes ao ciclo comercial). Ajustes são feitos para reduzir a maturidade e a duração da carteira de modo a limitar perdas de capital durante períodos em que haja expectativas de que as taxas de juros aumentem. Por outro lado, ajustes são feitos para prolongar a maturação e a duração do portfólio, tendo como estratégia a análise das economias dos Estados Unidos e do mundo, concentrando-se nas taxas de juros reais, ações de política monetária e fiscal, e indicadores cíclicos.

Palavras: 153
Frases: 5 (todas na voz passiva)
Tamanho médio de cada frase: 30 palavras
Índice de Legibilidade de Flesch: 8,2

MAS ASSIM:

Tentaremos lucrar prevendo corretamente as taxas de juros futuras. Quando não tivermos uma opinião firmada, procuraremos manter títulos de médio prazo. Mas, se estivermos antevendo um aumento importante e sustentável das taxas, nós nos concentraremos em emissões de curto prazo. Por outro lado, se estivermos antevendo uma mudança geral para taxas mais baixas, compraremos títulos de longa maturação. Vamos nos concentrar no panorama geral e não faremos movimentos com base em considerações de curto prazo.

Palavras: 75
Frases: 5 (nenhuma na voz passiva)
Tamanho médio de cada frase: 15 palavras
Índice de Legibilidade de Flesch: 60,1

Se analisarmos as propostas à luz do Índice de Legibilidade de Flesch – um teste desenvolvido pelo especialista em legibilidade Rudolf Flesch com o propósito de avaliar a inteligibilidade de textos usando o número de palavras e de frases –, poderemos quantificar a diferença. Quanto mais alto o índice, mais fáceis são a leitura e a compreensão do texto. Em uma escala de zero a cem, a proposta original, com 153 palavras, obtém 8,2 pontos. A revisão de Warren Buffett, em contraposição, atinge uma pontuação de 60,1. Só para se ter uma ideia, a revista *Reader's Digest* alcança 65 pontos na mesma escala, a revista *Time* fica em torno de 52 e a *Harvard Law Review* (Revista Jurídica de Harvard) mal chega a 30 pontos. Aumentar a legibilidade de um texto não é a mesma coisa que simplificá-lo exageradamente. O texto revisto por Buffett oferece ao leitor as mesmas informações – mas de uma forma mais clara.

Veja agora um exemplo mais curto. Desta vez, trata-se da declaração de objetivos de uma faculdade comunitária:

NÃO ASSIM:

O objetivo deste empreendimento é *facilitar o desenvolvimento de maiores capacidades* para faculdades comunitárias e organizações de bairro sem fins lucrativos *se engajarem em uma colaboração maior no tocante à prestação de serviços comunitários* que maximizariam os recursos disponíveis de várias comunidades e ofereceriam um maior nível de comunicação sobre a priorização das necessidades educacionais dessa comunidade específica.

[60 palavras]

MAS ASSIM:

Este projeto pretende ajudar as faculdades comunitárias e as organizações sem fins lucrativos a trabalharem juntas com mais eficiência.

[19 palavras]

Tanto no exemplo de Buffett quanto no da faculdade comunitária, as versões originais parecem visar a outra coisa, em vez de tentar explicar seus objetivos claramente. Talvez os redatores desejassem impressionar ou ocultar o que de fato queriam, ou desejassem encobrir o fato de que não estavam totalmente seguros do que pretendiam. Seja qual for a resposta, os textos originais não funcionam para nenhum tipo de leitor.

Recapitulando

- Procure redigir com naturalidade: escreva como um ser humano, não como uma corporação.

- Evite frases estereotipadas que sobrecarregam a linguagem e sugerem um pensamento preguiçoso.

- Aumente a legibilidade expressando suas ideias o mais diretamente possível.

Capítulo 12
Use a cronologia quando estiver narrando fatos

Histórias são inerentemente cronológicas. Uma coisa acontece, depois outra, depois outra. Essa estrutura narrativa funciona bem não só em livros e filmes, mas também na redação comercial, pois tem mais chances de ser clara e eficiente, além de manter os leitores interessados. Portanto, inclua apenas os fatos que são *importantes* e na ordem correta.

Em teoria parece óbvio, mas na prática os redatores acham difícil contar uma história. Muitas vezes começam pelo meio, sem orientar seus leitores; o resultado inevitável é a confusão do receptor. Você já deve ter vivenciado esse fenômeno. Acontece o tempo todo em conversas com amigos ou familiares: "Espere um pouco. Quando foi isso? Onde você estava? E por que estava conversando com esse cara? E de onde ele saiu?"

Pense que está enviando uma mensagem *por e-mail* para informar sobre a situação de um projeto em andamento e já faz algum tempo desde a última atualização. O destinatário não está tão imerso no projeto quanto você e provavelmente precisa focar em outros assuntos. Portanto, retorne ao momento em que a conversa sobre o projeto parou e descreva o que aconteceu desde então.

NÃO ASSIM:

Sarah,

    Foi difícil fazer progressos com Jim Martinez, mas finalmente observaremos (no melhor cenário) uma demonstração do que nosso software é capaz de fazer em meados de maio, pois estabeleci minha primeira conferência telefônica com Jim na última segunda-feira às nove da manhã. Ele esteve fora na quarta e na quinta (não vi nenhum motivo para tentar falar com ele na terça), mas na sexta-feira ele me disse que precisaríamos de um aplicativo de amostragem. Mas, antes disso, a Magnabilify exigirá um acordo de confidencialidade. O encontro de terça-feira deverá esclarecer as coisas. Me diga o que você acha.

                                                                                     Frank

MAS ASSIM:

Sarah,

    Na semana passada você me pediu que entrasse em contato com a Magnabilify Corporation, os desenvolvedores de softwares, para saber se eles estariam interessados em utilizar nossos aplicativos personalizados de segurança nos computadores deles. Finalmente entrei em contato com Jim Martinez, vice-presidente encarregado dos softwares, e agendamos um encontro pessoalmente em seu escritório na terça-feira.
    Os próximos passos, segundo meu entendimento do protocolo da Magnabilify, serão firmar um acordo de não divulgação, desenvolver um aplicativo de amostragem (em menos de duas semanas) e agendar uma demonstração logo em seguida.
    Podemos conversar antes do encontro de terça-feira?

                                                                                    Frank

A primeira versão parece um fluxo de consciência. O redator não se deu ao trabalho de analisar a mensagem sob a perspectiva do leitor nem de expor os pontos importantes em ordem cronológica. Uma história, mesmo curta, como a segunda narrativa, prende o interesse do leitor de modo mais eficiente do que fatos confusos intercalados por opiniões.

Registre o que aconteceu e quando

Quando uma disputa séria surge dentro de uma empresa, os advogados normalmente pedem a seus clientes que produzam uma "cronologia dos fatos relevantes", detalhando os incidentes mais importantes que levaram à disputa. Esse documento ajuda todos os envolvidos a pensar mais claramente sobre como a situação se desenrolou. Tente uma abordagem similar quando estiver escrevendo um documento que leve o leitor a acompanhar uma série de eventos – quer você esteja enviando um projeto de atualização a alguém ou preparando uma avaliação de desempenho de um funcionário. Crie uma cronologia de fatos relevantes para organizar a narrativa. Diga que fez isso antes de enviar sua mensagem a Sarah, como no segundo exemplo. Eis como ficaria:

CRONOLOGIA DE EVENTOS RELEVANTES

Semana passada	Sara me pediu para avaliar o interesse da Magnabilify em nos contratar para criarmos aplicativos de segurança personalizados.
Hoje	Falei com Jim Martinez.
Na próxima terça-feira	Jim e eu nos encontraremos no escritório dele para conversar.
Daqui a duas semanas	Se a Magnabilify estiver interessada, firmaremos um acordo de confidencialidade, desenvolveremos um aplicativo de amostragem e agendaremos uma demonstração.

Recapitulando

- Inclua somente os fatos relevantes.

- Coloque-os em sequência cronológica para ser acompanhada facilmente pelos leitores.

- Organize sua narrativa criando uma cronologia de eventos relevantes antes de escrever; depois alinhe-os em seu rascunho. Mas evite a repetição desnecessária de datas.

Capítulo 13
Seja adepto da continuidade

Um texto fluente é constituído por uma sequência de frases e parágrafos concatenados, não por uma simples coleção deles. Esse sequenciamento fluente requer, além de um bom planejamento, habilidade para lidar com transições e conexões que ajudem o leitor a seguir seu raciocínio.

Observe como Manuel G. Velasquez, um grande autor de obras sobre ética nos negócios, consegue fluência com uma série de introdutores de parágrafos (aqui destacados em itálico):

Uma série de introdutores de parágrafos coletados do livro *Business Ethics*, Manuel G. Velasquez (2011)

1. *Será que existe* um modo ético pelo qual um mercado de livre monopólio consiga atingir os valores morais que caracterizam perfeitamente os mercados livres competitivos? Não.

2. O *fracasso mais óbvio* dos mercados monopolistas está nos altos preços e nos grandes lucros que proporcionam um fracasso que viola a justiça capitalista.

3. Um mercado monopolista *também* resulta em um declínio da eficiência na alocação e distribuição de bens.

4. *Em primeiro lugar*, um mercado monopolista permite que os recursos sejam usados de modo a provocar escassez dos bens que os compradores desejam, no intuito de que sejam vendidos a preços maiores que os necessários.

5. *Em segundo lugar*, mercados monopolistas não encorajam os fornecedores a minimizar os recursos consumidos para produzir certa quantidade de mercadorias.

6. *Em terceiro lugar*, um mercado monopolista permite que o vendedor introduza diferenciais de preços que impedem os consumidores de reunir o pacote mais satisfatório de mercadorias, considerando o que há no mercado e o dinheiro que podem gastar.

7. Os mercados monopolistas *também* incorporam restrições aos direitos negativos que os mercados perfeitamente livres respeitam.

8. Um mercado monopolista, *portanto*, é aquele que se desvia dos ideais de justiça capitalista, utilidade econômica e direitos negativos.

As expressões de transição, em itálico, nos conduzem de uma ideia a outra. Normalmente nem as notaríamos. Em uma redação realmente boa, as transições são quase subliminares – mas sempre cuidadosamente colocadas onde se faz necessário. Essas conexões conduzem os leitores de diferentes maneiras. Elas podem:

- **Estabelecer uma sequência temporal:** *então, naquele ponto, mais tarde, assim que, por fim, antes, depois, primeiro, inicialmente, enquanto isso, mais tarde, em seguida, agora, uma vez, originalmente, desde, portanto, até, finalmente.*

- **Estabelecer um lugar:** *lá, naquele lugar, em frente a, atrás, mais atrás, na retaguarda, no centro, à esquerda, à direita, na parte frontal, distante.*

- **Acrescentar alguma coisa:** *e, ou, mais adiante, também, de fato, além disso, não só... como também.*

- **Destacar alguma coisa:** *acima de tudo, afinal, e assim, principalmente, igualmente importante, ainda mais, de fato, mais importante.*

- **Conceder alguma coisa:** *embora, e mesmo assim, é bem verdade que, ao mesmo tempo, com certeza, mesmo que, sem dúvida, é verdade, porém, ainda, embora, certamente, visto que, conquanto.*

- **Retornar a um ponto:** *mesmo assim, no entanto, apesar de tudo, porém.*

- **Dar um exemplo:** *por exemplo, como exemplo, em particular.*

- **Oferecer um motivo:** *porque, por conseguinte, assim, pois, segue-se, desde, assim, então, portanto.*

- **Estabelecer um contraste:** *mas, porém, e mesmo assim, inversamente, apesar de, em contraste, em vez de, por outro lado, ainda que, ao contrário de, embora.*

- **Fazer uma conclusão:** *assim, como resultado, finalmente, por conclusão, em suma, no total, portanto, então, resumindo.*

Use subtítulos como transições

Independentemente de quão suaves suas transições entre frases e parágrafos sejam, leitores apressados deixarão de prestar atenção se você colocar uma sólida parede de texto na frente deles. Quebre seus documentos (e até e-mails mais longos que um parágrafo) com algumas sinalizações para conduzir as pessoas de seção a seção e ajudá-las a localizar as partes que as interessam particularmente. Um subtítulo que seja um resumo, por exemplo, informa aos leitores onde encontrar somente as ideias principais. E subtítulos que, concisa mas claramente, exponham os pontos-chave permitem que os leitores, mesmo de relance, captem a essência de sua mensagem.

Torne seus subtítulos tão consistentes quanto possível. Por exemplo, se você estiver liderando uma força-tarefa cujo objetivo seja recomendar formas de criar relacionamentos diretos com os clientes por meio das mídias sociais, escreva cada subtítulo do texto como uma diretiva, mais ou menos assim:

Use o LinkedIn para obter feedback sobre novos produtos

Use o Facebook para testar novos conceitos

Use o Twitter para facilitar conversas sobre eventos ao vivo

O paralelismo também tornará seu texto mais coeso, tanto retórica quanto logicamente.

Recapitulando

- Use palavras ou expressões transicionais bem colocadas para conduzir o leitor à ideia seguinte e indicar sua relação com o que veio antes.

- Divida o texto em subtítulos descritivos e concisos, de modo a aumentar a legibilidade e ajudar os leitores a localizar rapidamente as informações mais importantes para eles.

- Use um "subtítulo-síntese" para indicar aos leitores as ideias principais do documento.

- Use um estilo consistente e paralelismo sintático em seus subtítulos, como forma de reforçar a lógica e a coesão retórica do documento.

Capítulo 14
O básico de gramática correta

Por que ter tanto cuidado com a gramática? Porque os seus leitores podem identificar o seu uso da linguagem escrita – principalmente se for sua língua nativa – como um reflexo da sua competência.

Assim, cometer erros em excesso fará com que você pareça ignorante e desinformado. Isso pode levar as pessoas a não confiar nas suas recomendações para o lançamento de um projeto de alto investimento, por exemplo, ou não comprar os serviços ou produtos que você vende. Seus clientes podem acreditar que você não sabe do que está falando, e sua reputação pode sair abalada.

Sinais que podem "dedurar" você

Tome os pronomes como exemplo. Se você não souber a diferença entre *"eu"* e *"mim"*, muitos de seus colegas, parceiros e clientes não o levarão a sério. Alguns erros no uso dessas palavras podem colocar você em apuros:

- "Ela fez um pedido para eu e Melissa." (Correto: Ela fez um pedido para mim e Melissa.)

- "Explique para mim entender." (Correto: Explique para eu entender.)

- "Mantenha esse assunto apenas entre eu e você." (Correto: Mantenha esse assunto apenas entre mim e você.)

- "Entregue para eu." (Correto: Entregue para mim.)

A regra é muito simples: *"eu"* e *"mim"* são pronomes pessoais que possuem a função de substituir o substantivo na frase e indicar qual ou quais são as pessoas do discurso.

"Eu" é um pronome que exerce a função de sujeito ou de predicativo do sujeito (<Ela trouxe o relatório para eu avaliar>), enquanto *"mim"* exerce a função de complemento verbal ou nominal ou faz o papel de objeto e surge após uma preposição: <Explique para mim>. Na dúvida, lembre-se que *"mim"* não conjuga verbo, somente *"eu"*.

Tanto <Para mim> quanto <Para eu> são utilizados na língua portuguesa, mas em situações muito diferentes. <Para mim> exercerá a função de objeto indireto na oração: <Escreveu para mim>; <Enviou para mim>.

Já <Para eu> tem a função de sujeito da oração e vem acompanhado de um verbo no infinitivo: <Para eu escrever>; <Para eu comprar>.

O caso do "*lhe*" e do "*te*"

Pronome oblíquo átono. A expressão pode assustar. Mas esse é apenas o nome formal daquelas palavras que servem como complemento. Pode parecer de outro mundo, mas lembre-se de que pronomes servem apenas para substituir ou determinar os substantivos.

Os pronomes pessoais do caso reto são os mais conhecidos: eu, tu, ele, ela, nós, vós, eles e elas. Mas são os pronomes oblíquos átonos que causam mais confusão – me, te, lhe, o, a, se, nos, vos, lhes, os, as.

Eles podem ser o objeto direto em uma frase <Respeite-me!>, o objeto indireto, que sempre acompanha uma preposição, <A caneta lhe pertence>, ou até o adjunto adnominal <Roubaram-lhe o sorriso>.

Um dos erros mais comuns é o uso de *"lhe"* em vez de *"o"*, *"a"*, ou *"te"*. Para resolver essa confusão, existe uma regra simples: usa-se *"lhe"* ou *"o/a"* quando o interlocutor for tratado por você e *"te"* quando for tratado por tu.

Para não errar no uso de *"lhe"* e *"o/a"* também existe uma regra. O *"lhe"* só será usado com verbos que pedem preposição. <A caneta lhe pertence>, porque a caneta pertence a alguém. Da mesma forma, <O chefe não lhe permitiu participar>, porque permite-se algo a alguém.

NÃO USE:	USE:
Eu lhe amo.	Eu o/a amo.
O chefe não o permitiu participar.	O chefe não lhe permitiu participar.

Além das questões de pronome, aqui estão os principais tipos de erros gramaticais que exigem atenção. Para dezenas de outros problemas de redação que podem minar sua credibilidade, veja os Apêndices D e F.

Relação entre sujeito e verbo

A regra é clara: um verbo deve concordar em número (singular ou plural) e pessoa (1ª, 2ª ou 3ª) com o sujeito da oração. <Eu sei disso>; <Você sabe disso>; <Ela sabe disso>; <Todos sabemos disso>. Mas a sintaxe pode tornar as coisas um pouco complicadas. E alguns casos merecem atenção especial.

Tomemos, por exemplo, os coletivos gerais (não partitivos). O verbo ficará sempre no singular: <A equipe de funcionários pediu demissão>; <Um bando de animais invadiu o depósito>.

Em expressões de porcentagem, o verbo concorda com o termo preposicionado que especifica a referência numérica: <60% da empresa aprova as novas regras>. Se o termo não estiver explícito, a concordância se faz com o número: <60% aprovam as novas regras>. Quando o verbo aparecer antes da porcentagem, se o termo preposicionado estiver deslocado ou se a porcentagem for especificada por artigo ou pronome, a concordância deve ser feita com o número.

NÃO USE:	USE:
Do total de funcionários, 92% bateu o ponto corretamente.	Do total de funcionários, 92% bateram o ponto corretamente.
Não apareceram nem 1% dos candidatos.	Não apareceu nem 1% dos candidatos.

Outra área problemática da relação entre sujeito e verbo envolve frases com expressão fracionária. Nesses casos, o verbo deve concordar com o número que aparece acima da fração, conhecido como numerador: <¼ da liderança é responsável pelos resultados de venda, os outros ¾ são responsáveis pela operação>.

Atenção redobrada para expressões que indicam quantidade aproximada (cerca de, menos de, mais de, etc.) ou expressões partitivas (uma parte de, grande parte de, a maior parte de, a maioria de, etc.).

No primeiro caso, o verbo concorda com o substantivo: <Mais de um colaborador tomou a vacina da gripe>; <Cerca de 10 colaboradores tomaram a vacina>.

Já em expressões partitivas, seguidas de nome no plural ou nome de grupo no plural, o verbo pode ser grafado tanto no singular quanto no plural: <A maioria dos estagiários é favorável> ou <A maioria dos estagiários são favoráveis>.

"Cada um" e "um dos que" têm regras muito particulares de concordância. Na linguagem formal, a expressão "um dos que" usa o verbo no plural, e "cada um", no singular.

NÃO USE:	USE:
Ele foi um dos que passou para a segunda fase do recrutamento.	Ele foi um dos que passaram para a segunda fase do recrutamento.
Cada um dos candidatos tinham duas pastas.	Cada um dos candidatos tinha duas pastas.

Dificuldades também podem surgir com sujeitos compostos conectados por "ou". O verbo fica no plural se ele for atribuído a todos os núcleos, com sentido de adição. E no singular, se tiver sentido de exclusão.

NÃO USE:	USE:
Passaporte ou RG é aceito.	Passaporte ou RG são aceitos.
Paula ou Patricia serão contratadas para nossa única vaga.	Paula ou Patricia será contratada para nossa única vaga.

Quando o sujeito for representado pela expressão "um e outro", o verbo pode ficar no singular ou no plural: <Um e outro colaborador apareceu / apareceram na palestra>. Mas, se o sujeito for a expressão *"um ou outro"* ou *"nem um nem outro"*, o verbo fica no singular: <Nem um nem outro departamento será fechado>.

E, no caso de sujeitos separados por expressões compostas como *"tanto... como"* e *"não só... mas também"*, usa-se sempre o plural <Tanto a estagiária como o analista sairão de férias amanhã>.

NÃO USE:	USE:
Não só ela mas também sua líder foi demitida.	Não só ela mas também sua líder foram demitidas.

Relação entre substantivos e pronomes

Estritamente falando, um pronome, como palavra determinante, deve ter o mesmo gênero e número da palavra determinada.

Mesmo sendo recorrentemente empregado em redes sociais e por algumas empresas e instituições, o uso das letras *"x"*, *"e"* e *"@"* para substituir *"o"* ou *"a"*, visando a indicar gênero neutro ou linguagem inclusiva, não é registrado na norma culta. Caso você deseje lançar mão de algum desses artifícios para se posicionar politicamente, note que alguns leitores podem perder o foco na sua mensagem e se distrair.

NÃO USE:	USE:
Bom dia a tod@s.	Bom dia, pessoal.

A menos que você saiba o gênero do interlocutor ou do sujeito, tente evitar o uso de pronomes masculinos ou femininos. O caminho mais seguro é usar alguma engenhosidade para, naturalmente, escrever de forma neutra em termos de gênero.

NÃO USE:	USE:
Os funcionários têm um bom nível de produtividade.	A produtividade da equipe é alta.
Os diretores se reuniram para aprovar o plano estratégico.	A diretoria se reuniu para aprovar o plano estratégico.

Vocabulário não formal

Ao escrever no ambiente de trabalho, procure sempre usar a norma culta. Exceções podem acontecer quando o uso da linguagem coloquial ou de gírias faz parte da estratégia de comunicação ou quando você estiver escrevendo para um grupo específico que não domine o uso da linguagem formal.

Isso não significa que é necessário ser completamente formal o tempo todo – em alguns momentos, use uma linguagem mais coloquial. O que nunca poderá faltar é profissionalismo e respeito em sua comunicação.

As gírias, os vícios de linguagem e o gerundismo pertencem à linguagem informal. Evite usá-los em seus negócios.

NÃO USE:	USE:
Trabalhei com ela há muito tempo atrás.	Trabalhei com ela há muito tempo.
Temos que ir muito além do escopo do projeto.	Temos que ir além do escopo do projeto.
Vou estar telefonando para conversar sobre a vaga.	Vou telefonar para conversar sobre a vaga.

A linguagem informal também pode aparecer se você se fiar na oralidade.

NÃO USE:	USE:
Como é que é que você vai buscar os relatórios pra reunião?	Como você buscará os relatórios para a reunião?
Alertei ela sobre a mudança no cronograma.	Alertei-a sobre a mudança no cronograma.

Verbos irregulares devem ser sempre um ponto de atenção.

NÃO USE:	USE:
Se eu ver algum erro no sistema, vou reportar para a equipe.	Se eu vir algum erro no sistema, vou reportar para a equipe.
Quem dispor de tempo pode e deve rediscutir o plano.	Quem dispuser de tempo pode e deve rediscutir o plano.
Ele logo será promovido se manter os bons resultados.	Ele logo será promovido se mantiver os bons resultados.

Como se corrigir

Aqui estão três boas maneiras de melhorar: (1) ler livros de não ficção; (2) pedir leituras críticas do seu material para colegas mais experientes (e pacientes); e (3) folhear guias de gramática e uso da língua portuguesa – e mantê-los sempre por perto, para consultar quando surgirem dúvidas.

Esse último método ajudará você a distinguir entre as regras reais e as artificiais que tanto atormentam a escrita. Por exemplo, na escola você recebeu a orientação para nunca começar uma frase com uma conjunção? Eu também. Mas olhe para todos os "*e*" e "*mas*" que começam frases em prosa de primeira linha. Eles estão por toda parte. Essas palavras, em início de frases, funcionam como fios condutores para os leitores seguirem a linha de pensamento. Elas não quebram nenhuma regra real – e nunca quebraram.

Gramaticalmente, não há nada de errado em usar "*adicional-*

mente" e "*no entanto*" como iniciadores de frase. Mas os conectores polissílabos não desempenham a função de encadear pensamentos de forma tão limpa e firme como os monossílabos fazem.

Você ainda se preocupa com a possibilidade de seus leitores pensarem que uma frase começada por conjunção está errada? A verdade é que eles nem vão notar, assim como você nunca o fez. Um estilo de redação interessante é suficiente para manter os leitores focados em sua mensagem, se ela for clara e concisa. Um estilo ruim, ao contrário, chama atenção para si.

Para obter uma coleção útil de diretrizes gramaticais, consulte o Apêndice B, "12 tópicos gramaticais que você precisa entender". E certifique-se de ler com atenção o Apêndice F, "Um guia do bom uso do português". Dedique-se ao idioma, pois isso trará recompensas.

Recapitulando

- Atente para o uso correto dos pronomes eu e mim, te, o/a e lhe.

- Ao considerar o número do verbo, observe o sujeito da oração.

- Evite usar tod@s / todes / todxs na escrita formal. Prefira escrever de forma neutra e abrangente em termos de gênero, utilizando os recursos textuais existentes no português.

- Siga as convenções da norma culta da língua portuguesa.

- Melhore seu domínio da linguagem culta lendo livros, pedindo a colegas que revisem sua escrita e buscando informações sobre uso da gramática em guias, sempre que tiver dúvidas.

Capítulo 15
Peça a opinião de colegas sobre seus rascunhos

Digamos que você tenha rascunhado uma solicitação de orçamento. Peça às pessoas de sua equipe que a leiam e verifiquem se explicou de forma clara, concisa e convincente por que precisa receber verba para, por exemplo, contratar mais dois funcionários. Se possível, obtenha um feedback construtivo de algum colega de outro departamento – de preferência alguém que seja objetivo e eficiente na obtenção de recursos.

Preste atenção no que seus colegas dizem: a reação deles provavelmente será muito semelhante à dos leitores a quem você está se dirigindo.

Aceite sugestões afavelmente

Um bom redator agradece boas revisões – na verdade, anseia por obtê-las. Um redator ruim fica ressentido com elas e as vê apenas como ataques pessoais. Um bom redator tem muitas ideias e tende a lhes dar pouco valor. Um redator ruim tem poucas ideias e as valoriza demais. Portanto, mostre seu material enquanto ainda não está lapidado – o feedback o ajudará a chegar ao ponto desejado muito mais depressa do que se você estivesse trabalhando sozinho.

Tente evitar que seus colegas expliquem as mudanças pessoalmente. Você pode ter uma reação defensiva e deixar de reconhecer um bom conselho. Peça-lhes que assinalem as correções em seu documento e lhes agradeça a ajuda.

Se pedir regularmente aos seus subordinados que enxuguem e melhorem seu texto, você se beneficiará de duas formas: seus documentos ficarão mais bem-acabados e as pessoas que você comanda se tornarão, com a prática, melhores revisores e redatores. No entanto, dê-lhes algumas instruções: peça-lhes que não procurem apenas erros, mas também trechos prolixos, confusos ou expressos incorretamente. O ideal é que você chegue ao ponto de aceitar 80% das sugestões.

Crie uma cultura em que a revisão floresça

Em minha empresa, todos os que fazem revisões ou leem provas precisam sugerir pelo menos duas correções por página. Ninguém está autorizado a devolver algo – mesmo uma carta breve – com: "Parece ótimo!" As pessoas sempre podem fazer melhorias se perguntarem "O que o redator poderia ter dito, mas não mencionou?" e assim por diante.

Se cada leitor sugerir ao menos duas correções por página, seus erros de digitação serão detectados – acredite em mim. Erros de digitação são geralmente os mais fáceis de encontrar, portanto os leitores costumam assinalá-los antes de empreender a tarefa, sempre mais difícil, de aprimorar o estilo. No final, as passagens mal enunciadas desaparecerão. Você e sua equipe terão uma imagem melhor, pois trabalharão melhor. Produzirão argumentos mais fortes e precisos, e textos mais persuasivos com relação a vendas.

Parece exagero? Lembre-se de que cada comunicação que você envia é um comentário a respeito do nível de profissionalismo de sua equipe e de sua empresa. Quer seja um folheto ou um e-mail comercial de ampla distribuição, quanto mais feedback, melhor. Quanto mais pessoas bem informadas revisarem o rascunho, mais vantagens você obterá.

Um erro bobo pode ser desastroso – como uma grande universidade descobriu após imprimir milhares de cadernos com os dizeres "Escola de Assuntos Púbicos", impressos em letras garrafais na folha de rosto. A foto da gafe embaraçosa repercutiu quase instantaneamente na internet, é claro, e a universidade se tornou alvo de muitas piadas.

Quando se trata de redigir, precisamos de uma cultura de colaboração tranquila. Não é nenhuma vergonha pedir revisões a outros. Podemos pedi-las e oferecê-las à vontade – sem que ninguém se sinta inferior ou superior. Todos em uma organização, seja qual for o cargo, podem se beneficiar de uma boa revisão.

Recapitulando

- Rotineiramente, peça aos colegas e subordinados que leiam seus resumos e sugiram correções.

- Peça também que assinalem as correções no documento e as submetam por escrito em vez de explicá-las pessoalmente, de modo a evitar uma reação defensiva de sua parte. E sempre lhes agradeça a ajuda.

- Promova um ambiente em que as revisões sejam livremente procuradas e oferecidas – sem que ninguém se sinta superior ou inferior.

Seção 3
Evite maneirismos que afastem o leitor

Capítulo 16
Não anestesie seus leitores

Que você não deve fazer seu público dormir parece algo óbvio, não? Pois deveria ser óbvio também para pessoas que se repetem várias vezes em jantares sociais ou que realizam palestras maçantes. Pense em quantos oradores chatos você já foi obrigado a ouvir. Mas não precisa ser assim, tanto na comunicação oral quanto na escrita.

Pense nas pessoas mais eloquentes e nos melhores palestrantes que você já ouviu. Não importa a complexidade do tema, elas o tornam fascinante por meio de suas técnicas e ao evitar expressões triviais. Usam palavras poderosas, mas simples. Pense na famosa frase de Winston Churchill: "Sangue, trabalho, lágrimas e suor." E no que George Washington supostamente disse quando questionado sobre a cerejeira caída. Ele não falou "Isso foi feito mediante a utilização de uma pequena ferramenta afiada", mas sim: "Usei a minha machadinha."

Redatores eficientes empregam as mesmas técnicas. Por que você lê alguns livros até o fim, mas deixa outros de lado? Por força do estilo deles, do modo como explicam sua substância, da maneira como contam a história.

A seguir, confira diversas dicas sobre como escrever documentos comerciais para prender a atenção do leitor.

Use pronomes pessoais com habilidade

Não use "eu" em excesso (tente não iniciar sucessivos parágrafos com esse pronome), mas use bastante *nós, nosso, você, vocês* e *seu*. São palavras amáveis, que acrescentam interesse humano e cativam os leitores. Rudolf Flesch, figura exponencial nos círculos de língua inglesa e autor de *How to Be Brief*, foi um dos primeiros autores a explicar a necessidade do pronome "você":

> Mantenha uma conversa com seu leitor. Traduza tudo para a linguagem do "você". *Isso se aplica a pessoas acima de 65 anos = se você tiver acima de 65 anos, isso se aplica a você. Cabe lembrar que = você precisa se lembrar. Muitas pessoas não percebem = talvez você não perceba.* Sempre escreva diretamente para "você", a pessoa que você está tentando alcançar com sua mensagem.

Da mesma forma, as palavras "nós" e "nosso" – com referência à sua empresa ou organização – dão a impressão de que as corporações e outras entidades têm personalidades coletivas (como devem ter e quase sempre têm). As pessoas normalmente gostam desse tipo de abordagem prática em vez do estéril distanciamento da prosa em terceira pessoa. Compare os seguintes exemplos:

NÃO ASSIM:	MAS ASSIM:
Quer o acionista pretenda ou não comparecer a uma assembleia, *ele ou ela* deve reservar algum tempo para votar, preenchendo e enviando à *Empresa* a procuração anexa. Se o *acionista* assinar, datar e enviar a procuração sem indicar como *ele ou ela* deseja votar, essa procuração do *acionista* será contada como um voto a favor da fusão. Se o *acionista* deixar de enviar a procuração, o efeito, na maior parte dos casos, será contra a fusão.	Quer *você* pretenda ou não comparecer a uma assembleia, por favor, reserve algum tempo para votar, preenchendo e enviando para *nós* a procuração anexa. Se *você* assinar, datar e enviar a procuração sem indicar como deseja votar, *sua* procuração será contada como um voto a favor da fusão. Se *você* deixar de enviar a procuração, *seu* voto, na maior parte dos casos, será contado como contra a fusão.

Atenha-se à linguagem simples

Eu sei que digo bastante isso – mas vale a pena repetir. Leitores que não conseguem acompanhá-lo desistirão de tentar.

Evite a voz passiva

Não diga "Os documentos abaixo foram preparados por Sue". Diga "Sue preparou os documentos abaixo"; não diga "A mensagem foi enviada por George", mas "George enviou a mensagem" ou "A mensagem veio de George". Essa orientação não é absoluta – às vezes a voz passiva é o modo mais natural de dizer o que você quer. Às vezes não pode ser evitada (viu?). Mas, se você desenvolver plenamente o hábito de usar a voz ativa, conseguirá evitar muitas frases intricadas e longas em sua redação.

Como identificar a voz passiva? Trata-se sempre de uma frase com os verbos "ser" ou "estar" mais um verbo no particípio.

Alguns exemplos de voz passiva

O material foi adquirido pela secretária.

O relatório foi concluído pelo gerente.

O empréstimo foi concedido pelo banco.

O serviço foi elogiado pelo cliente.

O valor tinha sido ajustado pelo comercial.

Os memorandos foram remetidos pelo estagiário.

O prédio foi comprado pela matriz.

Os erros foram descobertos pela diretora.

A folga foi concedida pelo chefe.

Varie a extensão e a estrutura de suas frases

A monotonia, como disse Cícero, é a mãe do tédio. Isso vale tanto para a sintaxe quanto para a alimentação e muito mais. A mesmice enjoa. Assim, alterne frases curtas e longas; orações principais e subordinadas. O ideal é variar.

NÃO ASSIM:	MAS ASSIM:
Durante um significativo período de tempo adquirimos experiência ajudando nossos clientes a aprimorar o desempenho profissional e a maximizar tanto a eficiência de seus recursos humanos quanto a utilização econômica de seu capital. Nossa abordagem integrada detecta e otimiza práticas e procedimentos operacionais usando poucas ferramentas de manutenção e otimização, enquanto, ao mesmo tempo, implementa mudanças nas técnicas de gerenciamento envolvendo atitudes e comportamentos daqueles envolvidos em posições gerenciais de determinada organização.	Durante muitos anos ajudamos nossos clientes a utilizar melhor seus recursos e a aprimorar seu desempenho. Como? Otimizando operações e modificando atitudes e comportamentos gerenciais.
Para proporcionar a você, nosso cliente de nossos produtos, a opção de obter a troca gratuita de produtos com defeitos através de nossa filial mais próxima, oferecemos um processamento simplificado sem dever estatutário, mesmo que o produto não tenha sido comprado lá ou tenha chegado ao cliente por outro caminho.	O que você deve fazer se precisar trocar sem custos um produto com defeito? Vá à filial mais próxima. Qualquer uma de nossas filiais poderá ajudar, mesmo que você não tenha adquirido o produto lá.

Evite a sopa de letrinhas

Os leitores consideram as siglas cansativas, principalmente as que não conhecem. Portanto, use-as com sabedoria. Pode ser mais conveniente fazer referência ao CMV do que ao "custo das mercadorias vendidas". Se você também insere siglas como CBA (custeio baseado em atividades), LAJIDA (lucros antes de juros, impostos, depreciação e amortização) e GBV (gestão baseada em valor), os contadores que receberem sua mensagem irão entendê-las – mas você perderá todos os outros leitores. Não é de admirar. As pessoas não estão dispostas a dominar seu vocabulário hermético para entender o que você está dizendo.

Você já deve ter tido essa experiência como leitor: encontrar uma sigla (longa, se estiver sem sorte) e não conseguir conectá-la a nada do que leu no artigo, ou documento, até aquele ponto. Você começa a pesquisar no texto anterior, esperando encontrar a primeira ocorrência da sigla ou de palavras que nela possam se encaixar. Quando, enfim, a encontra (ou desiste de tentar), já esqueceu totalmente o raciocínio do redator. Nunca faça seus leitores passarem por isso.

Atenha-se a palavras quando puder. As siglas podem tornar a redação mais fácil, mas tornam a leitura mais difícil. Seu atalho é um estorvo para o leitor.

Recapitulando

- Não use em excesso o pronome *eu*. Use *nós, nosso, você* e *seu* para adicionar um toque pessoal e agradar ao leitor.

- Para um texto mais claro e direto, dê preferência à voz ativa – a menos que a voz passiva, no contexto, soe mais natural.

- Varie a extensão e a estrutura de suas frases.

- Torne o trabalho mais fácil evitando siglas, quando puder.

Capítulo 17
Cuidado com o tom

Obter o tom certo dá trabalho – mas é fundamental para o sucesso de seus documentos comerciais. Se parecer simpático e profissional, as pessoas vão querer trabalhar com você e responder a suas mensagens. Assim, adote um tom descontraído, como se estivesse falando diretamente com o destinatário de seu documento.

Evite o excesso de formalismo

O que você acha de colegas que dizem ou escrevem "Subsequentemente à nossa conversa" em vez de "Depois que conversamos"? Quando preferem palavras rebuscadas a equivalentes coloquiais, eles não lhe parecem pedantes?

O excesso de formalismo arruína o estilo. Continue a escrever com os pés no chão e obtenha um toque pessoal assim:

- Redija sua mensagem mais ou menos como a diria, mas sem interjeições, gírias ou palavras sem função.

- Inclua palavras e expressões de cortesia, como "obrigado" ou "ficaremos felizes em".

- Use os nomes das pessoas sobre quem você está escrevendo (*David Green*, não *o paciente supramencionado*).

- Use pronomes pessoais (*você, ele, ela* – não *o leitor, o falecido, o candidato; nós entendemos* – não *fica entendido; nós recomendamos* – não *é recomendado pelo abaixo assinado*).

Seja cortês

Você se sairá melhor se redigir a maioria das mensagens, mesmo as desagradáveis, em tom cortês. Faça de conta que tudo que está escrevendo será exibido diante de um júri em um processo litigioso. Com certeza você vai querer que esse júri ache seu comportamento admirável. Às vezes, é claro, você precisará adotar uma postura agressiva – como se estivesse na última fase do processo. Mas faça isso apenas como último recurso e, de preferência, aconselhado por um advogado.

Seja você mesmo. Do modo mais cuidadoso e circunspecto possível. Muita gente tem metido suas empresas em encrencas terríveis – e perdeu o emprego – por ter escrito cartas, memorandos ou e-mails de forma desleixada. Portanto, seja sensato.

Mas, mesmo que você seja cortês e descontraído, sua linguagem apresentará variações, dependendo do relacionamento com o destinatário. Faça um favor a si mesmo e se pergunte: "Como eu diria isso para Fulano se ele estivesse aqui comigo?" Não adote entonações distantes com seus colegas mais chegados nem um tom de intimidade com alguém que você não conhece muito bem.

Nunca tente fazer seus leitores admitirem que estão errados. Não é prudente dizer que eles estão iludidos, ou precisam entender, ou não conseguem entender, ou reclamam muito, ou afirmam erroneamente, ou estão distorcendo. Essas expressões e outras semelhantes despertam má vontade. Trate seus leitores com integridade e consideração – e demonstre disposição para entrar em um acordo.

Esqueça o sarcasmo

O sarcasmo expressa desprezo e sentimento de superioridade. Em vez de deixar as pessoas envergonhadas por não terem concordado com você, é um modo infalível de deixá-las irritadas e resguardadas contra a sua imagem. Compare:

NÃO ASSIM:	MAS ASSIM:
Considerando que segunda-feira foi feriado bancário, declarado nada menos que por um estatuto federal, seu e-mail do dia 17 deste mês só chegou a mim ontem. Não é com pouco desagrado que observamos que você considerou necessário nos enviar um e-mail suplementar a respeito deste assunto, pois estamos desejosos de estabelecer um relacionamento de confiança e respeito mútuo.	Como segunda-feira foi feriado bancário, só recebi seu e-mail ontem. Naturalmente, lamento que tenha precisado escrever mais uma mensagem. Mas, claro, você pode entrar em contato comigo sempre que eu puder ajudar.

Na coluna da esquerda você pode observar a combinação mortal de hiperformalidade com sarcasmo, além da desagradável insinuação: "Você escreveu em um feriado, seu BOBÃO. É claro que teria que esperar." As chances de "estabelecer um relacionamento de confiança e respeito mútuo", nesse caso, são provavelmente mínimas.

Recapitulando

- Adote um tom descontraído, mas profissional, escrevendo sua mensagem como se estivesse falando pessoalmente com o destinatário.

- Chame as pessoas pelos nomes, use pronomes pessoais, como naturalmente faz, e evite substitutos extravagantes para palavras cotidianas.

- Seja sempre sensato e use um tom amável ao escrever suas mensagens, mesmo quando o conteúdo não é positivo. Você obterá respostas melhores de seus destinatários e não arranjará problemas – nem para você nem para a sua empresa.

- Adote um tom apropriado para seu relacionamento com o destinatário.

- Nunca use sarcasmo em mensagens profissionais. Será um passo para trás – não para a frente – em relação ao resultado que você deseja obter.

Seção 4

Formas comuns de redação comercial

Capítulo 18
E-mails

Quando você envia e-mails, costuma receber respostas úteis, amáveis e rápidas? Ou as respostas estão muito aquém desse ideal? Ou nem recebe respostas? Se tem que batalhar para que seus destinatários prestem atenção a suas mensagens, talvez esteja competindo com muitos remetentes – em alguns casos, centenas deles, e diariamente.

Veja como escrever e-mails que as pessoas realmente irão ler, responder e cumprir o que dizem.

- **Vá direto ao ponto – educadamente, é claro – em suas primeiras frases.** Seja direto quando estiver fazendo um pedido. Não bajule o destinatário repulsivamente – embora um breve cumprimento seja agradável ("Ótima entrevista. Obrigado por enviá-la. Posso lhe pedir um favor?"). Informe prazos e outros detalhes indispensáveis para que o destinatário faça o trabalho direito e a tempo.

- **Envie cópias com sensatez.** Inclua somente as pessoas que entenderão imediatamente por que estão recebendo o e-mail.

- **Evite "Responder a todos".** Seu destinatário pode ter incluído gente demais no e-mail; se você cometer o mesmo erro, continuará incomodando destinatários que não deveriam receber a mensagem.

- **Seja breve.** E-mails longos são irritantes e desgastantes. Quanto mais as pessoas tiverem que rolar a página, menos receptivas serão à sua mensagem. Provavelmente a lerão às pressas e perderão detalhes importantes. Muita gente lê apenas e-mails curtos. Portanto, exceto muito raramente, não escreva mais que uma tela de leitura. Concentre-se no conteúdo e enxugue o texto.

- **Escreva um texto curto, mas informativo, no campo de "Assunto".** Se escrever algo genérico ou deixar o campo em branco, sua mensagem será soterrada na abarrotada caixa de mensagens do destinatário. (Não escreva apenas "Programa", mas "Programa de liderança do dia 15 de novembro".) Se você quiser pedir a alguém que faça alguma coisa, destaque essa intenção no campo "Assunto". Ao tornar a sua solicitação identificável, as chances de que ela seja atendida aumentam.

- **Atenha-se à normas de pontuação utilizando maiúsculas após os pontos.** Boas convenções gramaticais parecem perda de tempo em e-mails, sobretudo quando você está digitando mensagens em um dispositivo portátil. Mas é uma questão de agir corretamente – nos detalhes. Mesmo quando as pessoas em seu grupo não usam maiúsculas após os pontos nas mensagens, destaque-se como alguém que o faz. E-mails apressados, que infringem as normas básicas da linguagem escrita, indicam negligência. E seu estilo abreviado pode se tornar confuso. É mais rápido escrever uma mensagem clara na primeira vez do que ter que explicar depois o que você quis dizer.

- **Use uma assinatura que informe seu cargo e dados de contato.** A aparência deve ser profissional (mas não muito longa ou ornamentada), deixando que os outros escolham como entrar em contato com você.

Essas dicas obedecem ao senso comum, mas não são uma prática costumeira. Para que você veja como funcionam, vamos comparar duas amostras de e-mail.

Digamos que você está tentando ajudar uma jovem amiga sua, jornalista iniciante, a obter um estágio. Como você, por acaso, conhece o editor de um jornal da cidade, envia-lhe uma mensagem. Observe as duas abordagens a seguir:

NÃO ASSIM:

Assunto: Olá!

Hal,

Faz séculos, eu sei, mas ando pensando em lhe dizer que, na minha opinião, você tem sido um editor muito eficiente no *Daily Metropolitan* ao longo dos últimos sete anos. Embora eu tenha cancelado minha assinatura há alguns anos (hehehe) – os jornais abarrotavam a garagem –, compro um exemplar quase todos os dias na lanchonete e sempre digo às pessoas por lá como esse jornal é bom. Quem sabe eu possa até ter conquistado alguns assinantes para você com meus elogios entusiasmados! Acredite, estou sempre enaltecendo o bom e velho *DM*.

Bem, tenho uma aluna que eu gostaria que você conhecesse. Logo você vai me agradecer por tê-la apresentado a você. Ela gostaria de fazer um estágio, e eu sei que ela vai ser a melhor estagiária que você já teve. O nome dela é Glenda Jones e é excelente em todos os aspectos. Posso dizer a ela para entrar em contato com você? (Com boas notícias, espero!) O estágio não precisa ser remunerado. Sei que seu jornal atravessa uma fase difícil, mas ela quer entrar na profissão de qualquer maneira! Garota boba. Mas, bem, o que se há de fazer quando o jornalismo está no sangue?

    Esperançosamente,
    Myra

P.S. Você vai me agradecer por isso!

MAS ASSIM:

Assunto: Pedido para uma entrevista

Hal,

    Eu poderia lhe pedir um favor? Glenda Jones, uma aluna realmente inteligente que faz parte do programa Jovens Líderes do município, gostaria de seguir a carreira de jornalismo e está ansiosa para saber como funcionam os órgãos de imprensa. Você poderia passar 15 minutos conversando com ela em seu escritório este mês, antes do término das aulas? Sei que será um encontro significativo para ela. E você descobrirá que ela é uma jovem equilibrada, madura, inteligente e incrivelmente tranquila.
    Ela me disse que está procurando um estágio não remunerado. Após uma breve entrevista, talvez você considere a possibilidade de testá-la como sua assistente durante uma semana. Sei que você tem sido mentor de muitos jornalistas iniciantes ao longo dos anos, mas agora conhecerá uma pessoa fora de série: editora do jornal da escola, integrante da sociedade Phi Beta Kappa e campeã estadual de debates.
    Não há pressa. Se este verão não for um período propício para você aceitar uma estagiária, vou entender. Mas, por favor, marque uma entrevista, se puder. Pedi a ela que escrevesse a você, por conta própria, incluindo seu currículo, para lhe dar uma ideia de seus dotes como redatora.
    Muito obrigada. Espero que você e sua família estejam bem.

    Myra

A primeira versão é imensamente ineficaz – se Glenda obtiver o estágio, não será graças à mensagem de sua professora. A redatora é desatenciosa (sugere que o jornalismo é uma carreira ingrata), insensível (confessou que cancelou sua assinatura) e terrivelmente presunçosa (age como se o destinatário lhe devesse alguma coisa por estar "sempre elogiando" o jornal e por sugerir aquela estagiária "excelente" – como se estivesse presumindo que Glenda conseguirá o estágio).

A segunda versão é eficaz por ser humilde, centrada na palavra *você*, atenciosa ("Não há pressa") e levemente lisonjeira ("Sei que você tem sido mentor de muitos"). Embora seja um pouco mais longa que a primeira versão, chega ao ponto principal mais depressa e só oferece informações úteis. Se Glenda tiver mesmo potencial, com essa versão há uma chance razoável de conseguir a entrevista e, possivelmente, o estágio.

Às vezes é necessário repreender alguém em um e-mail – para registrar um erro, para explicá-lo claramente ou ambos. Compare os exemplos a seguir, que demonstram o modo certo e o errado de lidar com um funcionário que enviou um e-mail ofensivo para toda a equipe.

NÃO ASSIM:

Assunto: Você está em apuros

Ted,

Onde você estava com a cabeça quando enviou aquela "piada"? Seus colegas com certeza não gostaram nem um pouco, nem eu. Não venha me dizer que foi "só uma piada". Você não abriu o manual dos funcionários para ler a política da empresa? Você nunca fez isso antes, que eu saiba. Nunca mais mande um e-mail como esse.

                Bill Morton
                gerente

MAS ASSIM:

Assunto: Problemas que o seu e-mail causou

Ted,

    O que uma pessoa acha engraçado, outra pode achar ofensivo e infame. Várias pessoas reclamaram comigo do e-mail intitulado "Vocês já ouviram essa?" que você enviou para todo mundo ontem. Fiquei tão descontente quanto eles com a linguagem chula, inapropriada para um e-mail enviado no escritório. Nossa empresa não abre exceção para linguagem ofensiva, mesmo quando usada em piadas. Por favor, pense em como seus futuros e-mails afetarão seus colegas. Se eu receber queixas novamente, o RH terá que ser acionado. Mas acredito que isso não será necessário.

              Bill

Na primeira versão, a raiva do redator é evidente – e parece o único aspecto claro. Ted certamente se sentiu um idiota ("Onde você estava com a cabeça" e "Você não abriu o manual dos funcionários") e ficou irritado ("Nunca mais"). Mas o redator não especifica o que Ted fez nem por que foi errado. E é pouco provável que Ted vá perguntar sobre isso ("Não venha me dizer que foi 'só uma piada'").

    O tom da segunda versão não põe o destinatário imediatamente na defensiva. Dessa vez o redator identifica a raiz do problema ("o e-mail intitulado 'Vocês já ouviram essa?' que você enviou para todo mundo ontem") e explica seus efeitos, a infração à política da empresa e as consequências. Ted tem muito mais probabilidade de entender seu erro.

Recapitulando

- Seja tão direto quanto possível, mas mantenha um tom polido. Chegue ao ponto principal do e-mail nas primeiras duas ou três frases.

- Nunca clique em "Responder a todos" sem antes examinar a lista de destinatários. Envie seu e-mail apenas para pessoas que, de fato, precisam ter contato com o seu conteúdo.

- Escreva e-mails breves. Restrinja o texto a uma tela, mantendo a mensagem concisa e objetiva para que seus leitores entendam o assunto rapidamente.

- No campo de "Assunto", escreva uma frase sucinta que informe a seus destinatários o motivo de estar escrevendo e o que a mensagem significa para eles. Se precisarem agir em função de sua mensagem, esclareça.

- Atenha-se rigorosamente à norma culta escrita da língua – mesmo se estiver digitando com os polegares em um dispositivo móvel.

Capítulo 19
Cartas comerciais

Cartas comerciais não são coisas esdrúxulas do passado. São necessárias em diversos tipos de situação – desde corrigir erros de vendedores a recomendar alguém para algum emprego, passando por anunciar um novo serviço. Cartas comerciais eficientes podem aumentar sua lucratividade – levando clientes-chave a renovar grandes pedidos, por exemplo, ou persuadindo provedores de serviços a cobrar menos por uma renovação do contrato. Também podem criar um clima de boa vontade, ensejando futuros retornos financeiros.

As sugestões deste capítulo o ajudarão a obter esse tipo de resultado.

Use linguagem direta e pessoal

Você encontrará sempre frases estereotipadas como *Venho por meio desta informar* ou *Tendo em vista que...* São cheias de pompa, mas sua eficiência é baixa. Suas cartas serão muito mais claras e envolventes sem elas.

DICAS PARA ESCREVER CARTAS CLARAS E PERSUASIVAS

- **Concentre-se no leitor.** Tente não iniciar a carta com a palavra *eu*; troque-a por *você*, se possível ("Você foi tão gentil em...", "Você pode estar interessado...", etc.). Mantenha seu destinatário em primeiro plano, pois – vamos admitir – é isso que conquista o interesse do leitor. Não diga: "Pensei em lhe enviar uma mensagem dizendo que realmente adorei ter sido seu convidado na semana passada." Mas sim: "Que anfitrião maravilhoso você foi na semana passada."

- **Diga algo que tenha importância.** Torne sua mensagem contundente, mas com conteúdo – não uma enrolação para preencher espaço. Não diga: "Acredito que esta o encontrará prosperando nos negócios, feliz em sua vida em família e continuando a procurar a sabedoria que lhe trará satisfação duradoura em todos os seus negócios." Mas: "Espero que você, sua família e seus amigos tenham conseguido escapar sem nenhum prejuízo dos incêndios da semana passada em Manitoba Springs, que parecem ter sido devastadores."

- **Evite desculpas e linguagem ambígua.** Não diga: "É com grande pesar que reconhecemos não estar a esta altura em posição de estender nossa oferta de emprego." Mas: "Lamentamos informar que no momento não estamos contratando."

NÃO ASSIM:	MAS ASSIM:
De acordo com seu pedido...	Como você pediu...
Acusamos o recebimento de...	Recebemos...
Nós o manteremos informado...	Nós o avisaremos...
De acordo com sua carta...	Como diz sua carta...
Recebemos seu pedido e transmitiremos o mesmo...	Encaminharemos seu pedido prontamente...
Temos o máximo prazer...	Temos o prazer...
Devido ao fato de que...	Porque...
Em uma data próxima...	Brevemente...
Devido ao fato de que...	Porque...
A respeito do assunto que...	Com relação a...

As pessoas muitas vezes escrevem cartas longas demais – enchendo o texto com expressões prolixas e formais –, quando não se sentem confortáveis com a mensagem. Veja a diferença entre os dois exemplos a seguir. A primeira carta é uma saudação de um gerente de hotel a seus clientes; a segunda é a minha revisão.

NÃO ASSIM:

Estimado hóspede,

Bem-vindo ao Milford Hotel Santa Clara. Estamos felicíssimos por você ter optado se hospedar aqui durante o período em que permanecerá na área do Vale do Silício. Nossa equipe está pronta para assisti-lo de todas as formas, de modo a assegurar que sua estada seja agradável e excelente sob todos os aspectos.

Durante o período em que estiver no Milford Hotel Santa Clara, gostaríamos de informar, o hotel instalará novos equipamentos sanitários em todos os quartos. A obra começará no dia 8 de maio, terça-feira, e terminará no dia 29 de maio, quinta-feira. Os operários iniciarão as atividades às nove da manhã e as concluirão às 17h30. O trabalho será iniciado no 14º andar e prosseguirá na direção descendente até sua conclusão. Durante o processo de troca você poderá utilizar os novos ou os velhos sanitários dos toaletes dos corredores. Nós tomaremos providências para que um alto nível de limpeza seja mantido. Achamos que dentro em breve você poderá usufruir os novos assentos dos vasos sanitários. Caso esteja em seu quarto durante a troca dos sanitários e/ou não queira ser perturbado, recomendamos que afixe a placa de NÃO PERTURBE na maçaneta do quarto.

A área das máquinas de venda automática permanecerá higiênica, portanto esteja à vontade para comer uma barra de chocolate ou tomar a bebida de sua preferência. Para sua conveniência, há cofres localizados na gaveta inferior da mesa de cabeceira do seu quarto para que você guarde com segurança seus objetos de valor. Também estarão disponíveis para sua utilização os cofres localizados na recepção.

Agradecemos sua cooperação e compreensão enquanto continuarmos a melhorar as instalações e a aparência do quarto de hóspedes padrão. Nosso objetivo é minimizar qualquer inconveniência relacionada à obra de troca dos sanitários. Por favor, entre em contato com nosso gerente de serviço caso tenha qualquer pergunta ou preocupação. Uma vez mais, esteja certo de nossa máxima dedicação à qualidade total de sua estadia no Milford Hotel Santa Clara. Em meu nome e em nome de toda a nossa equipe, desejamos reiterar nossos agradecimentos por sua escolha e nossa confiança de que todas as circunstâncias de sua permanência aqui serão mais que satisfatórias.

    Sinceramente,
[364 palavras]

MAS ASSIM:

Estimado hóspede,

 Estamos felicíssimos por você estar aqui e prontos para colaborar a fim de que sua estadia seja agradável e produtiva.
 Neste mês renovaremos os banheiros. Iniciaremos os trabalhos no 14º andar e prosseguiremos até o térreo. Embora você possa ver ou ouvir os

operários (durante o dia), estamos nos esforçando para minimizar qualquer incômodo.

Esteja sempre à vontade para afixar a placa de NÃO PERTURBE quando estiver em seu quarto para se assegurar de que nossa equipe respeitará sua privacidade.

Se as obras se tornarem um aborrecimento, por favor, telefone (extensão 4505); verei o que posso fazer. As obras de renovação são apenas um exemplo de nosso comprometimento em proporcionar uma hospedagem de alto nível.

Mais uma vez, obrigado por estar conosco,

Sinceramente,

[125 palavras]

O texto original é prolixo (*quarto de hóspedes padrão*), desagradavelmente repetitivo (a palavra *sanitário* aparece cinco vezes), hiperbólico (*excelente sob todos os aspectos*), burocrático (*também estarão disponíveis para sua utilização*), desagradavelmente figurativo (*você poderá utilizar os novos ou os velhos sanitários dos toaletes*) e até repulsivo (*comer uma barra de chocolate ou tomar a bebida de sua preferência depois de você poderá utilizar os novos ou os velhos sanitários dos toaletes*). Parece destinado a causar mal-estar e afastar os clientes. A versão revisada, pelo contrário, transmite cordialidade e consideração, com foco no "você".

Comece rápido e diga o que tiver que dizer do modo mais simples que puder. Pense nos saltos ornamentais dos Jogos Olímpicos: mergulhe na piscina elegantemente, quase sem espalhar água, e saia logo. Se estiver escrevendo em nome de sua empresa, use *nós*. É um recurso muito mais cordial e amável que a voz passiva (*ficou decidido vs. decidimos*) ou que a impessoalidade da terceira pessoa (*esta empresa vs. nós*). Analise a diferença:

NÃO ASSIM:	MAS ASSIM:
A Associação Mercantil da Grande Gotham está muito feliz em contar com você entre seus novos integrantes. A Associação Mercantil proporcionará não só oportunidades de integração com redes profissionais, mas também taxas de seguro vantajosas, serviços de recepção e publicidade na internet para todos os membros. Se você alguma vez encontrar problemas de negócios aos quais a Associação Mercantil possa dedicar seus recursos, ela estará pronta para ajudá-lo.	Nós, da Associação Mercantil da Grande Gotham, estamos muito felizes em contar com você entre nossos novos integrantes. Além de oportunidades de integração com redes profissionais, proporcionamos também taxas de seguro vantajosas, serviços de recepção e publicidade na internet. Se você encontrar problemas em seus negócios que nós possamos ajudá-lo a resolver, faremos tudo que pudermos. Basta nos chamar.

No exemplo à esquerda, a impessoalidade (*está muito feliz*) e a repetição do nome da organização (que aparece em todas as frases) colocam uma distância entre o redator e o leitor, o que faz a comunicação parecer um comercial ou uma promoção. Já os pronomes *você* e *nós* da versão à direita criam uma sensação de entrosamento, uma conexão pessoal.

Motive os leitores a agir

Cartas comerciais obtêm resultados quando atendem às necessidades dos leitores. Para levar as pessoas a fazer alguma coisa, é preciso lhes fornecer razões que sejam do interesse delas.

Pense em um dos tipos de carta mais difíceis de escrever: um pedido de contribuição para um grupo sem fins lucrativos. A chave é entender por que as pessoas doam dinheiro para organizações de caridade. Embora os marqueteiros citem sete "motivadores fundamentais" para explicar as respostas – medo, culpa, exclusividade, cobiça, raiva, salvação e bajulação –, a realidade é mais matizada. Alguma combinação destes oito motivos principais a seguir pode levar possíveis doadores a enviar dinheiro em resposta a seu apelo:

- Eles acreditam que suas doações farão diferença.

- Eles acreditam no valor de uma organização como a sua.

- Eles receberão um reconhecimento favorável por conta da doação.

- Eles serão associados a uma pessoa famosa ou respeitada.

- Eles fortalecerão seu senso de integração com um grupo notável.

- Eles poderão se aliviar de fardos emocionais, como medo e culpa.

- Eles têm um sentido de dever.

- Eles terão direito a dedução do imposto de renda.

Alguns princípios acompanham essas razões para doar. Uma carta de levantamento de fundos deve (1) ser um apelo direto de uma pessoa para outra; (2) descrever uma oportunidade para que o destinatário satisfaça algumas necessidades pessoais ao contribuir para uma causa notável; e (3) levar o destinatário a praticar uma ação específica e decisiva. (Esses princípios também se aplicam a outros tipos de carta.)

Observe como essas teorias funcionam em uma verdadeira carta de levantamento de fundos:

Prezada Marion,

Posso contar com você para ser uma das patrocinadoras de mesa no Jantar Anual do Lar de Crianças Tascosa, no norte do Texas? Seu patrocínio pagará um mês de alojamento e comida para um dos cinquenta adolescentes órfãos dos quais cuidamos.

O evento será realizado às seis da tarde de 1º de julho no Snowdon Country Club, e o mestre de cerimônias será o nacionalmente conhecido apresentador de TV Spooner Hudson – nosso porta-voz em todo o país. A famosa *chef* Margrit Lafleur promete servir um de seus memoráveis jantares, e os vinhos serão selecionados pessoalmente pelo mestre *sommelier* Peter Brunswick. O mais emocionante é que dois misteriosos convidados de Beverly Hills – que figuram entre os maiores filantropos do mundo – estarão presentes ao evento.

Na condição de patrocinadora, você será creditada como um de nossos Anjos Benfeitores – e, acredite, a visível gratidão de nossas crianças lhe trará a duradoura satisfação de ter melhorado enormemente as vidas e o bem-estar delas. Nossas crianças são acessíveis e receptivas ao ensino, mas precisam da generosidade dos líderes filantrópicos de nossa comunidade.

Muitas pessoas, é claro, não têm condições de nos ajudar em nossa missão. Contamos com os Anjos Benfeitores. Espero que você passe alguns minutos lendo nosso folheto (anexo) e preencha o cartão reservando os dez assentos de sua mesa (um presente de 1.500 dólares, dedutíveis do imposto de renda).

Aguardo sua resposta.

Atenciosamente,

Agora olhe de novo (na página 126) a lista que precede a carta a Marion (nossa destinatária fictícia): o redator aborda todos os itens. Com uma carta assim, você poderá esperar uma pronta ação por parte de um razoável percentual de destinatários.

Amenize as más notícias

Se você precisar comunicar uma rejeição em sua carta, é melhor posicioná-la entre elementos mais alegres. Não comece a carta com um "não" direto. Seus leitores poderão suportar decepções mais facilmente se o texto começar com um aspecto positivo e depois explicar o motivo da decisão negativa. Os destinatários também terão mais probabilidade de atender aos seus desejos – fazer uma compra, inscrever-se em seu webinário, renovar uma assinatura –, embora você esteja recusando os deles.

NÃO ASSIM:	MAS ASSIM:
Lamentamos informar que não poderemos fornecer as quinhentas cópias de *Negociate It Now!* com 60% de desconto, como você solicitou. Ninguém, nem mesmo nossos autores e nossas maiores cadeias de livrarias, recebe um desconto tão substancial. Caso você queira reapresentar seu pedido solicitando o desconto mais modesto de 30%, ficaremos felizes em analisá-lo. Mas não podemos oferecer nenhuma garantia.	Foi muito gratificante saber que você pretende utilizar o *Negociate It Now!* em sua reunião de líderes empresariais. Você escolheu o melhor livro sobre o assunto e ficaremos felizes em atendê-lo. Embora tenha solicitado um desconto de 60% no preço de capa, o máximo que podemos oferecer é 30%. Esse é o maior desconto que podemos conceder a um cliente, e ficaremos felizes em estendê-lo a você mediante a compra de quinhentas cópias.

Quem recebe más notícias ficará aborrecido de qualquer forma. Porém, até certo ponto, você pode controlar o nível de desagrado. Veja algumas dicas:

- Adote a perspectiva do leitor e apresente o seu melhor lado. Se seu correspondente for rude, seja educado; se for ansioso, seja solidário; se for confuso, seja lúcido; se for teimoso, seja paciente; se for cooperativo, mostre gratidão; se for desaprovador, seja razoável e justo ao admitir qualquer erro.

- Responda a perguntas diretamente.

- Não explique demais. Diga apenas o suficiente para transmitir sua opinião.

- Exponha o assunto nos termos mais simples possíveis – nunca use "conversa de iniciados" nem jargão comercial.

- Use a voz de um ser humano atencioso, não a de um robô.

Mesmo ao conceder um benefício ou atender a um pedido, você pode irritar o destinatário caso o faça de um modo que o desconcerte, que pareça relutante ou transmita indiferença aos problemas dele.

NÃO ASSIM:

Joan,

Em resposta à sua solicitação de subsídio para a viagem até o local da conferência onde seu prêmio será entregue, Jonathan me lembrou de nosso atual congelamento de despesas discricionárias. No entanto, ele decidiu fazer uma exceção neste caso, contanto que seu voo não custe mais de 400 dólares e você se atenha a uma diária de 50 dólares. Por favor, apresente a documentação referente às suas despesas quando retornar.

Sinceramente,
Rebekah

Brandy,

Você já utilizou todos os seus dias de férias e licença por doença que tinha este ano. Uma cunhada não se qualifica como parente próxima o bastante para justificar uma licença-óbito; portanto, você será descontada de todos os dias em que estiver ausente no período do funeral. Sinto muito, mas essa política é inflexível; chequei com a Jane para confirmar isso.

Sinceramente,
Pamela

MAS ASSIM:

Joan,

Parabéns pelo seu Prêmio Spivey! Estamos muito felizes por você. Jonathan se apressou em me dizer que, apesar de nosso atual congelamento de despesas discricionárias, ele deseja dar suporte à sua viagem para receber seu prêmio. Podemos oferecer 400 dólares de reembolso pelo voo e 50 dólares por dia para despesas. Sei que você representará muito bem nossa empresa e só gostaria de também estar lá para ver você sendo homenageada.

Sinceramente,
Rebekah

Brandy,

Uma vez mais quero expressar minhas condolências pela perda de sua família. Tire o tempo que precisar para ficar com seus familiares. Lamento informar que os dias de ausência não poderão ser remunerados, de acordo com nossa política para licenças-óbito. Mas espero que telefone para mim se eu puder fazer qualquer coisa por você neste momento difícil. Jane e eu lhe enviamos nossos sentimentos de pesar.

Sinceramente,
Pamela

Não escreva com raiva

Seja gentil e diplomático, diga *por favor* e *obrigado*. A cortesia é necessária em todas as transações comerciais – mesmo em cartas de reclamação. Caso você a omita, será descartado como alguém detestável. Você pode ser cortês sem deixar de ser direto.

NÃO ASSIM:	MAS ASSIM:
Estamos surpresos com a sua reclamação. Os folhetos que imprimimos estavam exatamente como você especificou. Você autorizou o papel, as fontes e as provas (nós lhe demos três horas extras para fazer isso). Contra nossas recomendações, você escolheu as margens cor-de-rosa vivo com meios-tons de tela fina na fonte principal. Você insistiu que entregássemos tudo no dia 18, mas, como sabe, um trabalho apressado não permite impressão de primeira classe. Além disso, nós lhe cobramos muito barato. Diante das circunstâncias, acreditamos que qualquer observador imparcial diria que tivemos um desempenho notavelmente bom diante das condições absurdas que você nos impôs.	Concordamos que os folhetos não alcançaram os elevados padrões que você tinha o direito de exigir de nós. Mas achamos que, neste caso, você considerou a qualidade da cor menos importante que um preço baixo e uma entrega rápida. Assim, enviamos o trabalho à produção em três dias, menos tempo do que geralmente necessitamos. E o advertimos a respeito das margens cor-de-rosa e dos meios-tons de tela fina no tipo de papel que você escolheu. Mesmo assim, usamos de criatividade para alcançar melhores resultados do que normalmente seria possível. Não estou mencionando isso para fugir à nossa responsabilidade, mas apenas para lembrar que fizemos o melhor possível sob circunstâncias difíceis. Se na próxima vez você nos conceder mais tempo do que normalmente concede, os resultados serão melhores.

Como você pode ver, um tom combativo e superior irrita e indispõe o leitor – e provavelmente afasta o cliente. Uma abordagem mais diplomática consegue transmitir a mensagem (trabalhos feitos às pressas perdem qualidade) sem azedar o relacionamento.

Ao receber cartas insensatas, nunca responda na mesma medida. Isso apenas dá início a uma negativa reação em cadeia. Aborde as queixas contrapondo sua dedicação a um trabalho de qualidade. Escreva com as mesmas cordialidade e amabilidade que usaria se estivesse conversando pessoalmente. Se você ou sua empresa cometerem um erro, resista à tentação de ignorá-lo, encobri-lo ou transferir a culpa. Em vez de iludir os leitores, você só provocará mais raiva. Quando fizer uma asneira, admita o erro e diga o que está fazendo (ou fará) para corrigi-lo. Enfatize o desejo de melhorar o serviço.

Recapitulando

- Mantenha sua linguagem simples, pessoal e direta. Evite frases estereotipadas que só acrescentam pomposidade e verborragia à sua carta.

- Motive seus leitores a agir em conformidade com sua carta, oferecendo-lhes motivos importantes para eles.

- Ao comunicar más notícias, amenize o golpe abrindo a carta com uma observação positiva. Em seguida, explique a causa do desfecho desfavorável – sem se estender demais.

- Tenha consideração com o leitor: seja polido, solidário e profissional.

- Permaneça cortês e diplomático. Aceite a responsabilidade por quaisquer erros que possa ter cometido.

Capítulo 20
Memorandos e relatórios

Memorandos e relatórios são frequentemente usados para fazer as pessoas se apressarem, induzir uma ação ou ambos. Portanto, deixe logo claro em cada elemento – título, sumário, corpo do texto e conclusão – o que você deseja que os leitores saibam ou façam.

Escolha um título curto e claro

Quer você esteja escrevendo a linha de assunto de um memorando ou o título de um relatório, escolha uma linguagem concisa e precisa que transmita exatamente o conteúdo do documento.

NÃO ASSIM:	MAS ASSIM:
Assunto: Siegelson	Assunto: Contratação de Siegelson
Assunto: Acordo	Assunto: Por que devemos recusar a oferta de acordo feita por Frost
Assunto: Tiragem	Assunto: Tiragem da autobiografia de Ginsburg

Os títulos à esquerda fazem alusão aos tópicos tratados, mas não informam aos leitores o que se espera que façam com a informação. Os títulos à direita são mais objetivos (sem serem prolixos): o primeiro e o terceiro título prometem atualização de *status*; o segundo pede aos leitores que estes sigam uma recomendação.

Resuma as principais especificações no início

Verifique quantos assuntos você está abordando – de preferência, não mais do que três (ver capítulo 4) – e, para cada um, exponha: (1) o assunto, de modo que qualquer um possa entender, (2) sua solução e (3) o motivo de sua solução. Veja um exemplo:

Sumário

Assunto: A Distribuidora de Papéis Arnold tem constantemente deixado de cumprir nossos prazos para a entrega de cartolinas impressas multicoloridas.

Solução proposta: Mudar o fornecimento para a Companhia Nacional de Papéis e Plásticos, que tem um preço mais alto.

Motivo: Embora a Companhia Nacional de Papéis e Plásticos tenha um preço mais alto, sua entrega é mais rápida, o que aumentará a eficiência do trabalho no depósito e nos permitirá atender a mais pedidos, além de nos ajudar a estabelecer um clima de cordialidade com os varejistas, que têm se aborrecido conosco por não cumprirmos nossos prazos.

Explicando todos os pontos importantes no início do documento, você acabará se repetindo – de uma forma que não será redundante, mas servirá como reforço. O sumário, no início, fornecerá uma rápida orientação aos leitores; a versão completa, no corpo do texto, desdobrará cada ponto, fornecendo detalhes e dados de apoio. Recomendo que você realize um vaivém entre o sumário e a narrativa quando escrever seu primeiro rascunho. Comece expondo o problema e oferecendo sua melhor resposta no sumário. Você poderá aperfeiçoar a apresentação do problema e da resposta à medida que lapidar o texto do memorando ou do relatório.

Escreva seu sumário para três tipos de leitor:

- Um público principal de um ou mais executivos interessados apenas em uma rápida atualização do assunto, nas suas descobertas e conclusões a respeito de um problema ou em suas recomendações.

- Leitores que possam ser convocados (com ou sem seu conhecimento) para avaliar a racionalidade do seu documento, julgando seus méritos de acordo com as próprias verificações e análises críticas.

- Futuros leitores (incluindo os da primeira categoria dois anos à frente) que precisarão extrair informações de seu documento algum tempo depois que você o escrever. (É raro as pessoas agirem rapidamente com base em memorandos ou relatórios; estes podem ser deixados de lado durante semanas, meses ou até anos antes que alguém com iniciativa – ou ordens – comece a agir.)

Os três tipos de leitor têm direitos legítimos à sua atenção. E mais importante: você precisa conquistar o apoio deles se quiser que suas recomendações tenham algum resultado.

Mesmo que alguém o tenha designado para tratar do assunto, deve-se defini-lo no sumário.

QUANDO REDIGIR UM RELATÓRIO

- Certifique-se de que sabe por que o redige e que conhece o assunto.

- Faça o possível, à luz de seus conhecimentos prévios e pesquisas iniciais, para escrever um sumário que exponha concisamente o problema, sua solução e por que sua solução é melhor que as outras.

- Encontre fontes de informação relevantes.

- Recolha dessas fontes todos os dados e explicações que puder.

- Sintetize as observações e inferências relevantes e descarte o resto.

- Apresente suas descobertas em forma de relatório.

- Revise o sumário para que se harmonize com o corpo do texto.

Você, o redator, é quem está na melhor posição para determinar a abrangência do relatório: a pessoa que lhe deu a incumbência pode não saber o suficiente sobre o problema para fazer as perguntas corretas – ou para entender que há três subdivisões.

Na verdade, você mesmo não saberá essas coisas até fazer sua pesquisa, a qual pode envolver: procurar dados que revelem onde está o verdadeiro problema, ler a respeito de como outras organizações têm tentado resolvê-lo, conversar com pessoas que descobriram formas de contorná-lo e assim por diante. Você deve pesquisar o bastante para entender o problema. Então exponha-o de modo tão claro que qualquer um entenda por que vale a pena resolvê-lo. Se quiser fazer recomendações, diga (1) o que precisa ser feito, (2), quem deve fazê-lo, (3) quando e onde deve ser feito, (4) por que precisa ser feito e (5) como deve ser feito.

Um breve relatório de marketing pode ser assim:

Estratégia de marketing para a linha de chocolates Skinny Mini

Sumário

Assunto: Durante o último ano fiscal, as vendas da Chocolates Pantheon caíram de 13.320.000 dólares para 10.730.000 dólares, embora sua fatia do mercado tenha permanecido inalterada, com 37%.

Solução proposta: Aumentar a produção da linha de chocolates Skinny Mini, que contêm menos açúcar e gordura que a linha comum.

Motivo: Consumidores preocupados com a saúde desejam opções com baixas calorias, mas não querem sacrificar o sabor.

Os chocolates Skinny Mini têm menos calorias que os chocolates comuns da Pantheon, mas conservam o mesmo sabor.

Os consumidores estão comprando mais "alternativas saudáveis" de chocolates

Como os consumidores já entendem melhor que o açúcar e as gorduras são prejudiciais à saúde, não estão comprando mais chocolates *gourmet* como antes. Isso acarretou um declínio nas vendas de chocolates finos, que atingiu todos os fabricantes de chocolate, inclusive a Pantheon. Mas para chocolates anunciados como "alternativas saudáveis", com menos açúcar, gorduras e calorias, as vendas aumentaram em 42% no mesmo período. Estudos de marketing demonstram que "alternativas saudáveis" de chocolates são mais atraentes quando embaladas em porções com calorias especificadas do que quando embaladas por peso.

Esses consumidores também reclamam que chocolates com baixas calorias não têm o rico sabor ao qual estão acostumados e estão dispostos a pagar mais por um produto de qualidade. A Pantheon já produz uma linha de chocolates *gourmet* com baixas calorias, a Skinny Mini, que possui menos calorias que os chocolates comuns da Pantheon, mas tem o mesmo sabor. Atualmente são vendidos em pacotes de meio quilo, caixas de presente nas butiques de chocolate mais sofisticadas e elegantes embalagens em cafeterias.

Recomendações

- Para alcançar consumidores mais preocupados com a saúde, a Pantheon deveria embalar os chocolates Skinny Mini em diversos tamanhos com a quantidade de calorias especificada e disponibilizá-los em lojas de alimentos naturais e supermercados, assim como em lojas de chocolate e cafeterias.

- A campanha de marketing deverá enfatizar as porções controladas de chocolate e as calorias limitadas de cada barra de Skinny Mini ou cada caixa para presente, e as embalagens deverão exibir, com ampla visibilidade, o baixo teor de calorias.

Recapitulando

- Escolha um título conciso ou um assunto que informe aos leitores os tópicos cobertos pelo memorando ou relatório e o que eles deveriam fazer a respeito (ou por que devem lhes dar importância).

- Inicie o documento abordando os pontos principais e esboçando o assunto, a solução e o motivo desta.

- Trabalhe a partir desse sumário quando elaborar o texto de seu primeiro esboço.

- Modifique o sumário conforme o andamento do trabalho e assegure-se de que ele retrate o que está no corpo do texto.

Capítulo 21
Avaliações de desempenho

Escrever uma avaliação de desempenho não precisa ser uma responsabilidade temida. Contanto que você tenha reunido os fatos com antecedência – revisto as anotações que fez ao longo do ano, pedido a colegas feedbacks sobre as pessoas que você supervisiona e lido cuidadosamente as autoavaliações –, o rascunho não lhe dará muito trabalho, caso você tenha um amplo vocabulário avaliativo. Escrevi este capítulo para que você tenha algumas frases à disposição.

As frases de amostra a seguir abordam sete aspectos do trabalho: atitude, eficiência, relações humanas, discernimento, conhecimento, confiabilidade e capacidade de comunicação. Mas você pode adaptar o fraseado a quaisquer qualidades que deseje evidenciar. Portanto, é uma questão de emparelhar as frases com palavras específicas que as sustentem. Por exemplo: "Quando tivemos várias demissões no último mês de julho, *Lauren permaneceu completamente calma e controlada*, embora *demonstrasse grande sensibilidade* em relação aos que perderam o emprego. Ela [preencha com qualquer ação que julgue digna de nota]."

ATITUDE

Excelente
- demonstra inabalável comprometimento
- sempre se esforça ao máximo
- mostra-se sempre gentil e feliz em ajudar
- sempre extrai o melhor dos outros

Bom
- demonstra forte comprometimento
- geralmente se esforça muito
- geralmente se mostra gentil e feliz em prestar ajuda
- geralmente extrai o melhor dos outros

Aceitável
- demonstra comprometimento adequado
- é esforçado(a)
- frequentemente se mostra feliz em prestar ajuda
- frequentemente tem influência positiva sobre o grupo

Precisa melhorar
- Poderia demonstrar mais comprometimento
- nem sempre se esforça
- às vezes é agressivo(a)
- às vezes cria tensões no grupo

Ruim
- não tem comprometimento
- raramente se esforça de verdade
- é agressivo(a) e às vezes até hostil
- frequentemente cria tensões no grupo

EFICIÊNCIA

Excelente
- nunca desperdiça tempo nem esforço
- delega de forma eficaz
- sempre termina as tarefas no prazo
- consegue administrar muitos projetos ao mesmo tempo

Bom
- raramente desperdiça tempo ou esforço
- geralmente delega de forma adequada
- quase sempre termina as tarefas no prazo
- consegue administrar vários projetos ao mesmo tempo

Aceitável	• geralmente não desperdiça tempo nem esforço • delega suficientemente bem • geralmente termina as tarefas no prazo • consegue administrar mais de um projeto ao mesmo tempo
Precisa melhorar	• às vezes desperdiça tempo e esforço • tenta fazer coisas demais sem delegar • não consegue terminar algumas tarefas no prazo • tem dificuldade para administrar mais de um projeto ao mesmo tempo
Ruim	• frequentemente desperdiça tempo e esforço • geralmente não delega quando se faz necessário • não merece confiança quando se trata de terminar as tarefas no prazo • fica confuso(a) quando precisa administrar mesmo um só projeto

RELAÇÕES HUMANAS

Excelente	• demonstra aguda sensibilidade com relação aos outros e uma incrível capacidade para entender suas necessidades • participa ativamente e com espírito de equipe nas reuniões • trabalha excepcionalmente bem em equipe • relaciona-se extremamente bem com os clientes
Bom	• geralmente demonstra sensibilidade em relação aos outros • participa efetivamente das reuniões • trabalha efetivamente em equipe • relaciona-se bem com os clientes
Aceitável	• frequentemente demonstra sensibilidade em relação aos outros • participa adequadamente das reuniões • lida bem com outros membros da equipe • relaciona-se de forma competente com os clientes

Precisa melhorar	• nem sempre entende os outros • às vezes desperdiça o tempo dos outros em reuniões • às vezes é mais motivado(a) por objetivos pessoais que por metas da equipe • às vezes se indispõe com os clientes por falta de atenção
Ruim	• raramente presta atenção às reações dos outros • frequentemente desperdiça o tempo dos outros em reuniões • não trabalha bem em equipe • frequentemente se indispõe com os clientes, com descortesia e sarcasmo

DISCERNIMENTO

Excelente	• faz ótimas escolhas e toma decisões bem fundamentadas • permanece totalmente calmo(a) e controlado(a) mesmo em momentos de crise • sabe exatamente quais problemas precisam de atenção imediata e quais podem esperar • comporta-se de modo profissional e apropriado em qualquer situação
Bom	• faz boas escolhas e toma decisões racionais • permanece relativamente calmo(a) e controlado(a) mesmo em momentos de crise • geralmente sabe quais problemas precisam de atenção imediata e quais podem esperar • comporta-se de modo profissional e apropriado
Aceitável	• geralmente toma decisões corretas e bem informadas • permanece geralmente calmo(a) e controlado(a), exceto em momentos de crise • faz um bom trabalho ao distinguir os problemas que precisam de atenção imediata dos que podem esperar • geralmente se comporta de modo profissional e apropriado

Precisa melhorar	• às vezes faz escolhas ruins e toma decisões desinformadas • às vezes lhe faltam a calma e a compostura exigidas em momentos de muita pressão • frequentemente não distingue entre os problemas que precisam de atenção imediata e os que podem esperar • às vezes se comporta de modo não profissional e inapropriado
Ruim	• frequentemente faz escolhas ruins e toma decisões desinformadas • frequentemente lhe faltam a calma e a compostura exigidas em momentos de muita pressão • normalmente erra ao distinguir problemas que precisam de atenção imediata daqueles que podem esperar • frequentemente se comporta de modo não profissional e inapropriado

CONHECIMENTO

Excelente	• é excepcionalmente bem informado(a) sobre todos os aspectos do trabalho • demonstra conhecimento extraordinariamente abrangente • lida habilmente e sem supervisão com tarefas complexas • possui um conhecimento abrangente sobre o setor
Bom	• está bem informado(a) sobre aspectos-chave do trabalho • demonstra conhecimento abrangente • pode lidar com tarefas complexas se tiver supervisão • tem um bom conhecimento sobre o setor
Aceitável	• compreende o trabalho • demonstra conhecimento adequado • pode lidar moderadamente com tarefas complexas se tiver supervisão • tem conhecimento sobre o setor em um grau aceitável

Precisa melhorar	• não entende totalmente o trabalho • demonstra conhecimento menos que satisfatório • às vezes lida erradamente com tarefas de complexidade moderada, mesmo com supervisão • tem conhecimento insuficiente sobre o setor
Ruim	• está mal-informado(a) sobre muitos aspectos do trabalho • demonstra conhecimento inadequado • lida erradamente com tarefas básicas • tem pouco conhecimento sobre o setor

CONFIABILIDADE

Excelente	• sempre cumpre os prazos • é extremamente confiável • alcança ótimos resultados em situações de urgência • sempre entrega os trabalhos como prometeu
Bom	• cumpre os prazos • é altamente confiável • alcança bons resultados em situações de urgência • quase sempre entrega os trabalhos como prometeu
Aceitável	• cumpre a maioria dos prazos • é confiável • alcança resultados aceitáveis em situações de urgência • entrega frequentemente os trabalhos como prometeu
Precisa melhorar	• às vezes deixa de cumprir prazos importantes • às vezes não é confiável • às vezes não alcança resultados aceitáveis em situações de urgência • às vezes não entrega os trabalhos como prometeu
Ruim	• frequentemente deixa de cumprir prazos importantes • raramente é confiável • frequentemente não alcança resultados aceitáveis em situações de urgência • raramente entrega os trabalhos como prometeu

CAPACIDADE DE COMUNICAÇÃO

Excelente
- fala e escreve com notável clareza
- nunca se enreda em detalhes desnecessários
- sua capacidade de comunicação, pessoalmente e ao telefone, é de alto nível
- desenvolve e realiza apresentações imaginativas, claras e concisas

Bom
- fala e escreve com clareza
- raramente se enreda em detalhes desnecessários
- sua capacidade de comunicação, pessoalmente e ao telefone, é boa
- desenvolve e realiza apresentações claras e concisas

Aceitável
- geralmente escreve e fala com clareza
- normalmente evita se enredar em detalhes desnecessários
- sua capacidade de comunicação, pessoalmente e ao telefone, é adequada
- desenvolve e realiza apresentações aceitáveis

Precisa melhorar
- às vezes escreve e fala de forma pouco clara e com indevida complexidade
- às vezes se enreda em detalhes desnecessários
- às vezes tem dificuldade para se comunicar pessoalmente e ao telefone
- desenvolve e realiza apresentações que precisam ser mais bem trabalhadas e aprimoradas

Ruim
- escreve e fala de forma pouco clara e com indevida complexidade
- enreda-se em detalhes desnecessários
- não se comunica com eficiência pessoalmente e ao telefone
- desenvolve e realiza apresentações desconexas e sem clareza

Recapitulando

- Reúna seus dados com antecedência: conserve as anotações sobre desempenho ao longo do ano e as releia antes de escrever. Peça a colegas feedback sobre as pessoas que você está avaliando. Revise cuidadosamente as autoavaliações dos funcionários.

- Use as frases de amostragem sugeridas aqui como ajuda para articular suas impressões.

- Sempre adicione exemplos específicos para corroborar suas afirmativas gerais.

Apêndices

Appendices

Apêndice A
Lista de conferência para as quatro etapas da redação

Louco

☐ Analise o que está escrevendo: o que o levou a escrever? Qual é a tarefa? O que você espera conseguir?

☐ Pense sobre quem são seus leitores e o que eles precisam saber.

☐ Calcule quanto tempo você tem e esboce uma programação para reunir ideias e material, fazer um resumo, preparar a primeira versão e revisá-la.

☐ Faça as pesquisas com imaginação e entusiasmo. Anote as informações relevantes.

- [ ] Obrigue-se a ser criativo. Não se contente com ideias óbvias, que qualquer pessoa teria.

Arquiteto
- [ ] Escreva suas três ideias principais em frases completas – com a maior especificidade que puder.

- [ ] Reflita sobre a melhor ordem para as três ideias e as reorganize, caso necessário.

- [ ] Decida como iniciar e concluir o documento.

- [ ] Reflita sobre reforços visuais que possam ser úteis à transmissão de suas ideias.

Carpinteiro
- [ ] Se possível, afaste-se de todas as distrações. Silencie seu telefone e seus alertas do computador e reserve mais ou menos uma hora para ficar isolado. O seu foco será escrever.

- [ ] Use seu esboço de três ideias como guia.

- [ ] Comece escrevendo parágrafos que apoiem a ideia que você acha mais fácil abordar – depois passe para as outras.

- [ ] Escreva rapidamente, sem parar para editar ou refinar.

- [ ] Tente escrever uma seção inteira de uma só vez. Se precisar se levantar no meio de uma seção, inicie a frase seguinte com algumas palavras. Depois saia. (Quando voltar, você verá que é mais fácil retomar uma frase pela metade do que iniciar uma nova.)

Juiz

- [ ] Logo após completar seu rascunho, leia-o com o objetivo de ampliar ideias em pontos diferentes.

- [ ] Depois deixe-o de lado – durante a noite, se possível, ou por alguns minutos, caso você esteja trabalhando com um prazo apertado.

- [ ] Quando retornar ao rascunho, analise-o sob a perspectiva de seus leitores. Está claro para qualquer um que o leia ou precisará de mais informações? Está conciso ou desperdiça palavras e tempo?

- [ ] Identifique as duas maiores falhas do rascunho e tente consertá-las.

- [ ] Pergunte a si mesmo:

    - Está faltando algum elemento essencial?

    - As ideias importantes receberam destaque?

- O significado de cada frase está claro e preciso?

- As transições são suaves?

- O que posso excluir sem sacrificar conteúdos importantes?

- Há trechos inconsistentes que eu possa tornar mais precisos com fatos específicos?

- Há trechos maçantes que eu possa tornar mais interessantes?

- Posso melhorar as frases?

- Posso melhorar a pontuação?

- Há erros de digitação?

Apêndice B
12 tópicos gramaticais que você precisa entender

1. Uso de *E* ou *Mas* para começar um período.

O elemento mais importante para a fluidez da escrita é o uso efetivo de conectores para fazer a transição entre orações e parágrafos. A fim de garantir a coesão textual de forma simples e direta, empregue a conjunção *e,* para adicionar alguma informação, e *mas,* para contradizer.

A noção de que seria um equívoco gramatical começar períodos com conjunções é refutada há tempos pelos melhores escritores e desacreditada por muitos gramáticos respeitáveis. Basta uma rápida leitura de editoriais de grandes jornais ou uma passada de olhos pelas páginas de revistas bem-conceituadas que logo nos deparamos com vários exemplos. Por quê? Porque conjunções são excelentes ferramentas de transição, capazes de sinalizar como o período seguinte se relaciona com o anterior. E porque são palavras curtas, precisas e rápidas.

Em início de período, não se usa vírgula depois das conjunções *e* e *mas*, exceto se houver uma oração intercalada na sequência: <E haverá um pronunciamento da diretora>; <E, como todos sabem, haverá um pronunciamento da diretora>.

2. As diferenças entre *mal* e *mau*

Mau é o contrário de *bom* enquanto *mal* é o contrário de *bem*. Se houver dúvida sobre o uso de um ou outro, substitua a palavra pelo seu oposto (*mal* por *bem*; *mau* por *bom*): <Ela está de bom humor. Ela está de mau humor> <Ela está bem-humorada. Ela está mal-humorada>.

As palavras podem causar confusão porque são muito parecidas, mas cada uma tem um uso definido. *Mau* é um adjetivo que significa ruim, imperfeito e é o antônimo do adjetivo *bom*.

Mal como advérbio significa de forma imperfeita, inadequada ou incorreta, e é o contrário do advérbio *bem*. Logo, quando for descrever ação ou modo de execução, use o advérbio *mal*: <O estagiário trabalha mal sob pressão>; <A pesquisa está indo mal>.

Mal também pode ser usado como substantivo, como sinônimo de dano, prejuízo, calamidade, lesão e tudo que é o oposto de *bem*: <Não desejo o mal de ninguém>.

3. *Este, isto, esse, isso, aquele, aquilo* e suas flexões

Este, isto, esse, isso, aquele ou *aquilo*? Depende. Essas palavras e suas flexões (*esta, estes, estas; essa, esses, essas; aquela, aqueles, aquelas*) servem para indicar a posição do objeto designado em relação aos três elementos do discurso: o falante, o ouvinte e o assunto. São os pronomes demonstrativos, usados para marcar o lugar em que uma pessoa ou coisa se encontra com relação ao tempo, ao espaço ou ao próprio texto.

Com relação ao tempo, *este* (e flexões) ou *isto* se referem ao tempo presente: <Esta semana é especial para a empresa>. *Esse* (e flexões) ou *isso* referem-se ao passado ou futuro próximo: <Esse tempo não volta mais>. E *aquele* (e flexões) ou *aquilo* devem ser usados para indicar um tempo muito distante: <Aquelas férias foram inesquecíveis>.

Com relação ao espaço, *este* indica que o ser ou objeto citado está próximo à pessoa que fala: <Este livro que estou lendo é ótimo>. *Esse* serve para demonstrar que o ser ou objeto citado está próximo à pessoa com quem se fala: <Esse seu livro parece interessante>. Já *aquele* será usado nos casos em que o ser ou objeto citado está distante tanto do emissor quanto do receptor da mensagem: <Aquele é o diretor de quem estava falando>.

Na referência textual, *este* serve tanto para retomar o último elemento de uma frase anterior, quando são citados dois ou mais (<O estagiário conversou com o presidente. Este mencionou a nova sede da empresa>), quanto para anunciar o que será dito ou explicado em seguida: <A proposta da liderança é esta: trabalhar em equipe>. *Esse* serve para retomar uma informação que já foi dada ou explicada: <Trabalhar em equipe. Essa é a proposta da liderança>. E *aquele* identifica o termo mais distante de uma frase anterior: <O analista falou com a diretora e o gerente. Este não conhecia o projeto, aquela, sim>.

4. Plural, plurais

A linguagem usada na internet e nas ruas pode até permitir uma ausência ou outra de plural. Mas a linguagem escrita – e profissional – exige um cuidado maior com as flexões de número.

Existem algumas particularidades na formação do plural dos substantivos. Aqueles terminados em *al*, *el*, *ol* e *ul* perdem o *l* e ganham um *is*. É o caso de jornais, papéis, faróis e azuis. Há casos específicos ou exceções, como mal (plural: males) e cônsul (plural: cônsules). Os terminados em *il* podem fazer o plural em *is* (nas palavras oxítonas) ou *eis* (nas demais): funil (plural: funis), fóssil (plural: fósseis), entre outros.

Nos substantivos terminados em *r* e *z*, o plural é formado com o acréscimo de *es,* como em amores e pazes.

Palavras terminadas em *m,* como item, nuvem, homem, levam a terminação *ens* quando estão no plural: itens, nuvens, homens.

Para evitar erros, lembre-se de que as palavras terminadas com a letra x, como tórax, fax, xerox, triplex e unissex, são invariáveis, ou seja, não admitem plural. O mesmo acontece quando o substantivo termina em *s* e não é oxítono, como em ônibus, lápis e tênis.

5. Plural de palavras compostas

Uma palavra composta basicamente pode ser um substantivo ou um adjetivo. O primeiro passo é verificar os componentes para, por fim, aplicar as regras gerais de formação do plural.

No caso de adjetivos compostos, só o segundo termo vai para o plural quando os dois elementos formadores são adjetivos. Esse é o caso de olhos castanho-claros e questões político-partidárias, por exemplo. Exceções: como adjetivo, azul-marinho e azul-celeste ficam invariáveis, então dizemos botas azul-marinho e camisas azul-celeste. E surdo-mudo faz a flexão dos dois elementos: crianças surdas-mudas. Se apenas o segundo elemento for adjetivo, somente ele vai para o plural: clientes norte-americanos.

Já quando o segundo termo é substantivo, nenhum dos dois elementos vai para o plural, como é o caso de olhos azul-turquesa e uniformes verde-oliva.

Quando usado como adjetivo, cinza permanece invariável, assim como os compostos cinza-claro e cinza-escuro: paletós cinza, gravata cinza-claro, ternos cinza-escuro.

Para o plural de substantivos compostos há mais variações.

Quando a palavra composta é formada de uma repetição de dois verbos, como corre-corre, pula-pula e quebra-quebra, somente o segundo termo vai para o plural, ou flexionam-se ambos os elementos. Assim, ficaria: corre-corres (ou corres-corres), pula-pulas (ou pulas-pulas) e quebra-quebras (ou quebras-quebras).

Em outra situação, quando somente o segundo elemento é variável, só ele vai para o plural, como em guarda-roupas, mal-educados, sempre-vivas, abaixo-assinados e vice-presidentes.

No caso de o composto ser formado por três ou mais elementos, em que haja preposição, apenas o primeiro termo vai para o plural: pés de moleque, pores do sol, luas de mel, canas-de-açúcar, jacarés-de-papo-amarelo. Mas se nessa composição o primeiro elemento for um verbo, não há plural em nenhuma das palavras, como em os louva-a-deus.

Quando o segundo elemento limita a significação do primeiro ou expressa a ideia de finalidade ou semelhança, admite-se que somente o primeiro termo vá para o plural, como em carros-bomba, cidades-satélite, empresas-fantasma, decretos-lei, públicos-alvo e elementos-chave. Contudo, também admite-se a flexão dos dois termos: carros-bombas, cidades-satélites, etc.

E, finalmente, os dois elementos vão para o plural quando as duas palavras são variáveis, como em salários-mínimos, quintas-feiras e guardas-civis. Parece muito complicado, mas, se ficar na dúvida quando estiver escrevendo, é só consultar este guia.

6. O misterioso verbo *haver*

O verbo *haver* tem suas particularidades. Mas não tem tanto mistério assim.

Quando ele aparecer nas frases com o sentido de *acontecer, ocorrer* ou *existir* e puder ser substituído pelo verbo *ter*, não poderá ser flexionado. Isso acontece porque, nesses casos, o verbo é impessoal, ou seja, não tem sujeito: <Houve mudanças na empresa>; <Não havia computadores para todos>; <Há muitas vagas abertas>.

Se o verbo *haver* for usado em locução, novamente no sentido de *existir*, *ocorrer* ou *acontecer*, ele exige que o verbo auxiliar fique no singular: <Poderá haver novas demissões>; <Deve haver mais mudanças na área>.

Em outro caso, se o verbo *haver* é usado para indicar ideia de intervalo entre dois fatos e pode ser substituído pelo verbo *fazer*, ele também será impessoal e, novamente, não deve sair do singular: <Há muitos anos sou funcionária>; <Quando entrei na companhia, já trabalhava com marketing há nove anos>.

Em outros casos, quando o verbo *haver* não é sinônimo de *existir*, *ocorrer*, *acontecer* nem pode ser substituído por *fazer*, o correto é fazer normalmente a flexão: <Os funcionários haverão de passar por isso>; <Os diretores não haviam comparecido à reunião>.

E não se esqueça: *há dez anos atrás* é uma expressão redundante. Basta que se escreva *há dez anos*, porque o verbo *haver* já indica tempo decorrido. O uso de termos supérfluos não contribui para a fluidez textual.

7. A crise da crase

A crase nada mais é do que a fusão da preposição *a* com o artigo *a* ou com os pronomes *a*, *as* e *aquela*, *aquelas*, *aquele*, *aqueles* e *aquilo*. A junção desses dois *aa* é representada pelo acento grave. A crase é o pavor de muitas pessoas. Mas com as orientações a seguir deixará de ser. Vamos a elas:

- Não há crase se o *a* estiver no singular e o substantivo no plural.

Apêndice B. 12 tópicos gramaticais que você precisa entender

- Crases só ocorrem diante de substantivos femininos e nunca diante de substantivos masculinos. A menos que o termo feminino esteja subentendido: <Filé à [moda de] Osvaldo Aranha>.

- Para saber se o uso da crase é indicado antes de nomes de cidades, estados e países, construa a frase com o verbo *voltar*, ou seja, questione se voltou *de* ou *da*. No segundo caso, haverá crase: <Fui a Roma. Voltei de Roma>; <Fui à Itália. Voltei da Itália>.

- Sempre que você estiver escrevendo um texto e nele existir uma menção a algum horário, é preciso usar a crase: <Nos vemos às 21h>. A menos que haja outra preposição que não o *a* antecedendo o artigo que acompanha as horas, como *para, desde, até, após* e *entre*: <Entre as 15h e 19h>. Se as expressões de espaço de tempo começam com preposição combinada com artigo, empregue *à* ou *às* no segundo termo: <A reunião será das 11h à 1h da tarde>, <Da uma às duas haverá almoço>.

- Usa-se crase antes de locuções que expressam a ideia de tempo, lugar ou modo, como em *às vezes, às pressas, à noite, à medida, à beira de, às cegas*.

- Em algumas situações específicas, o uso da crase é opcional, como: antes dos substantivos femininos próprios, como nomes; antes dos pronomes possessivos, como *minha, tua* e *nossa*; e depois da palavra *até*.

- *Aquele, aquela e aquilo* terão crase quando forem precedidos da preposição *a* (exigida pelo verbo): <Prestaram socorro àquela pessoa>.

- Não ocorre a crase: diante de verbo no infinitivo, de pronome pessoal (a ela, a você), de expressões de tratamento que dispensam artigo (a V. Ex.ª, a V. S.ª) e nas expressões de repetição (frente a frente, gota a gota).

8. De olho na acentuação

Depois do Acordo Ortográfico de 1990, algumas regras se modificaram – e isso ainda provoca confusão. Mas a intenção foi deixar tudo mais simples. Por isso, sumiram os acentos diferenciais e mudou a regra para acentuação em ditongos abertos (aqueles com som de *éi*, *ói* e *éu*).

Sobre os acentos diferenciais: antes costumávamos ter, em palavras com grafia idêntica mas significados distintos, um acento para marcar essa mudança de entonação, como em *pára*, *pêlo*, *pólo* e *pêra*. A nova regra simplificou: nenhuma dessas palavras deve ser acentuada. Para distinguir umas das outras, basta avaliar o contexto.

A forma verbal *pôde* (passado) manteve o acento gráfico para se distinguir da forma verbal *pode* (presente): <Ela pôde trabalhar em home office durante a pandemia>, <Ela pode trabalhar em home office daqui por diante>. E também a forma verbal *pôr* continuará a ser grafada com acento circunflexo, para distinguir da preposição *por*.

Por fim, os verbos ter e vir, quando empregados na terceira pessoa do plural do presente (*têm* e *vêm*), devem ser acentuados. Os derivados mantêm o acento gráfico nas terceiras pessoas do singular e do plural: <Ele contém, eles contêm>; <Ele intervém, eles intervêm>.

Já com os ditongos abertos há acentuação em dois casos: 1) em monossilábicos, como nas palavras *céu* e *dói*; ou 2) em oxítonos, como nas palavras *anéis, papéis* e *chapéus*. Nas paroxítonas, o acento some de vez: *idéia* virou *ideia, heróico* virou *heroico* e *paranóia* virou *paranoia*. Exceto quando se enquadram em regra geral de acentuação, como nas palavras *contêiner* e *destróier*. Sumiram também os acentos circunflexos em hiatos *oo* e *ee*. *Voo, leem* e *enjoo*, por exemplo, perderam os seus acentos para sempre.

9. *Por que* tem *porquê* junto e separado?

Por que a grafia dos porquês causa tanta confusão? Porque são quatro variações ortográficas com diferentes sentidos para palavras muito parecidas.

Por que, separado e sem acento, é usado em perguntas diretas ou indiretas. Para não esquecer nunca mais, usa-se *por que* sempre que for possível substituí-lo por *por qual razão*: <Por que você não enviou o relatório?>; <Ela não disse por que não aceitou a proposta>. Também se usa *por que* quando o *que* é pronome relativo e a expressão equivale a *pelo qual, pela qual, pelos quais, pelas quais*: <São inacreditáveis as situações por que passamos na empresa>.

Porque, junto e sem acento, é uma conjunção causal ou explicativa, a depender da oração. Usa-se esse *porque* quando se dá uma explicação ou causa: <O estagiário pediu demissão porque não se interessou pelo trabalho>. Nesse caso, é possível substituí-lo por *pois, visto que, já que* ou *como*, desde que se inverta a ordem da oração: <Como não se interessou pelo trabalho, o estagiário pediu demissão>.

Por quê, separado e com acento circunflexo, é usado quando seguido de pausa, ponto final, de exclamação ou de interrogação. De maneira geral, esse *por quê* é usado para encerrar um período: <O estagiário pediu demissão. Ninguém sabe por quê>; <O estagiário pediu demissão por quê?>; <Se não sabe por quê, pergunte a ele>.

Porquê, grafado junto e com acento, é um substantivo e equivale a causa, motivo e razão: <Gostaria de saber o porquê de o estagiário ter pedido demissão>; <A gerente disse que são vários os porquês>.

10. Concordância verbal

A regra básica é simples: o núcleo do sujeito da frase determina a flexão verbal em número (singular ou plural) e pessoa (1ª, 2ª ou 3ª). Parece tão simples que chega a ser trivial. Mas algumas coisas podem dar errado. Quando o sujeito é um coletivo, por exemplo, como *um bando*, usa-se o verbo no singular, mas existe o uso facultativo em coletivos especificados por termos no plural como *um bando de cachorros*. Nesse caso, pode-se dizer que um bando de cachorros invadiu a sala ou um bando de cachorros invadiram a sala.

Quando o sujeito da frase é *a maioria das pessoas*, o núcleo do sujeito é *maioria*, por isso o verbo permanece no singular: <A maioria dos profissionais não entendeu a atitude do chefe>. O mesmo acontece com expressões como *boa parte dos brasileiros, grande parte dos funcionários, metade das equipes* ou algo assim.

Para *um e outro*, o verbo é no plural. E para *nem um nem outro* é no singular. Sujeitos com núcleo ligado por *ou* concordam com o verbo no singular quando o *ou* tem sentido de exclusão: <Ela ou ele terá a promoção>; mas são conjugados no plural quando o sentido do *ou* não é de exclusão: <A gerente ou o assessor podem fazer a apresentação>.

Em outros casos específicos, como plurais aparentes em nomes próprios de países, estados ou empresas, o verbo concorda no singular quando não há artigo ou o artigo está no singular: <Minas Gerais representa um grande mercado para a empresa>. Se o artigo estiver no plural, o verbo acompanhará: <Os Estados

Unidos aceitaram a proposta>. Entretanto, com o verbo *ser* pode haver concordância com o sujeito ou com o predicativo: <Os Estados Unidos são uma nação multicultural> ou <Os Estados Unidos é uma nação multicultural>.

11. Verbos irregulares

Atenção especial aos verbos irregulares, como *mediar*. Procure associar os verbos irregulares que mais são usados com aqueles que você conhece bem. *Mediar*, por exemplo, é conjugado da mesma forma que o verbo *odiar*. Assim, não escreva eu medio, mas eu medeio. Conjugam-se da mesma forma outros verbos muito usados: *intermediar, remediar, ansiar* e *incendiar*.

Já o verbo *adequar* é polêmico. Embora não haja consenso entre os gramáticos, ele é normalmente descrito como um verbo com conjugação incompleta. Esses são os chamados verbos defectivos, que podem ser conjugados apenas nas formas arrizotônicas, ou melhor, nas formas cuja vogal tônica permanece fora do radical.

No caso do verbo *adequar*, isso significa que, no presente do indicativo, só há duas formas de uso: nós adequamos e vós adequais. Não existem as formas *adequa* e *adequam*. No presente do subjuntivo, não é conjugado em nenhuma forma. Por isso não existem as formas *adeque* e *adequem*. Se estiver em dúvida sobre o uso, substitua por *ajustar, moldar* ou *adaptar*. Outros verbos defectivos são *abolir, banir, colorir, falir, precaver* e *reaver*. Nenhum desses verbos é conjugado no presente do subjuntivo.

12. Duplo particípio

Muitos verbos da língua portuguesa têm duplo particípio, como *aceitar* (aceitado e aceito), *entregar* (entregado e entregue), *expul-*

sar (expulsado e expulso), *soltar* (soltado e solto), *prender* (prendido e preso) e *salvar* (salvado e salvo).

Em casos como esse é preciso separar o particípio regular, aquele terminado em *ado* ou *ido*, do irregular. O primeiro tipo será usado somente em conjunto com os verbos auxiliares *ter* e *haver*: <Eu já tinha/havia aceitado a proposta de trabalho antes de saber o salário>.

Os particípios irregulares são usados em conjunto com os verbos *ser* e *estar*: <O contrato foi entregue ontem>.

Atenção para os verbos que não têm particípio irregular: *trazer*, *comprar* e *chegar*. *Trago, compro* e *chego*, como particípios, não existem. A frase <Eu tinha chego>, portanto, está incorreta. *Pegar* também era assim, mas, devido ao uso, o verbo acabou virando abundante no Brasil e agora aceita-se a forma *pego*. Mas esse ainda é um assunto controverso.

Apêndice C
12 dicas de pontuação que você precisa saber

1. Quando não usar a vírgula

A vírgula é o sinal de pontuação mais usado e, portanto, o que gera maior número de erros. Ela não deve separar elementos que têm relação sintática direta, como sujeito e verbo ou verbo e complemento.

A vírgula também não deve ser usada antes de *e* que introduza oração com um mesmo sujeito: <Os diretores se reuniram e decidiram a mudança na área>. Exceto se a conjunção *e* indicar oposição ou contraste, ou seja, relação adversativa: <Os diretores se reuniram, e nada foi resolvido>. Se a oração iniciada por *e* tiver um sujeito diferente do da anterior, a vírgula será obrigatória: <O RH convocou o diretor de vendas, e a vice-presidente anunciou os cortes>. Por fim, não se usa vírgula na enunciação de numerais por extenso: <Duzentos e vinte mil quatrocentos e trinta e cinco (220.435)>.

2. A vírgula é optativa em alguns casos

A vírgula pode ser ou não usada para separar expressões adverbiais breves, antepostas ou intercaladas: <O líder participará em São Paulo de uma reunião com os clientes / O líder participará, em São Paulo, de uma reunião com os clientes>.

Depois de *no entanto, entretanto, por isso, porém, contudo, portanto* e *todavia* a vírgula é optativa apenas quando essas palavras ou expressões iniciarem o período. Caso estejam em outra posição, use a vírgula: <O convite, porém, chegou tarde>. Por fim, a vírgula antes da abreviação *etc.* também é questão de preferência: <A secretária redigia comunicados, memorandos, atas, etc.>.

3. Use vírgula para anteceder conjunções adversativas

Sempre haverá vírgula antes de conjunções adversativas. *Mas, contudo, todavia, entretanto* ou *porém* serão, assim, sempre antecedidas pela pontuação: <O estagiário fez um bom trabalho, mas não conseguiu apresentar o relatório como esperado>.

De modo geral, as conjunções precisam ser antecedidas por esse tipo de pontuação para fazer sentido ao longo de um texto, mas há casos em que conjunções, partículas e expressões de explicação, correção, continuação, conclusão e concessão pedem que vírgulas sejam utilizadas também após sua menção em um texto. Esses casos aparecem na utilização de termos como *aliás, por assim dizer, por exemplo* e *além disso*: <Farei hoje, aliás, agora mesmo>.

Já quando o *mas* serve para ligar orações com valor aditivo (associado a *também*, como *mas também*), pode ou não ser precedido de vírgula <Ela não só é fluente em inglês (,) mas também fala francês>.

E, por fim, quando o *mas* soma elementos de mesma função, como núcleos do sujeito, não se usa vírgula <Não só a presiden-

te mas também o vice-presidente gravaram um vídeo para toda a empresa>.

4. Outros usos essenciais das vírgulas

O mais conhecido dos usos da vírgula é para enumerar termos ou orações: <Ela calcula, analisa, reporta e finaliza>. Mas existem vários outros usos essenciais dessa pontuação. Um deles é isolar aposto, vocativo ou elemento explicativo, ou seja, é preciso colocar entre vírgulas a própria expressão *ou seja* e outras como *isto é* e *aliás*, como já vimos.

Além de isolar apostos, a vírgula também deve isolar adjuntos adverbiais: <A gerente, durante a reunião, criticou a lentidão do sistema>; separar orações adverbiais antepostas: <Se a falha não for corrigida, precisaremos mudar a forma de comunicação>; e separar orações adjetivas explicativas: <A empresa tem 10 funcionários, que trabalham diariamente>.

A vírgula também serve para indicar a elipse de um verbo, ou seja, a supressão de um termo que pode ser subentendido pelo contexto linguístico ou pela situação: <A diretora votou a favor; o gerente, contra>.

5. Quando o ponto e vírgula é necessário

O ponto e vírgula é um meio-termo. Indica uma pausa maior que a da vírgula e menor que a do ponto.

Por isso, essa pontuação serve para separar orações coordenadas assindéticas que não apresentam nenhum relacionamento nem com o verbo nem com o nome, pois são independentes sintaticamente e informam aspectos autônomos de um mesmo assunto: <Investimento em nova sede; manutenção dos banheiros; promoção de funcionários com tempo de casa superior a cinco anos>.

Serve também para separar orações coordenadas quando pelo menos uma delas já tem elementos separados por vírgula: <O resultado final da votação foi: 12 diretores votaram a favor das férias coletivas; 2, contra>.

E para separar blocos de orações que se compõem pelo sentido: <Uns acordam cedo, trabalham, lutam; outros reclamam>.

6. Hífen: um resumo das principais regras

Depois do Acordo Ortográfico da Língua Portuguesa, de 1990, o hífen deixou de aparecer nas sequências em que o primeiro elemento é um prefixo terminado em vogal e o segundo começa com s ou r, caso em que as consoantes devem ser duplicadas. Assim, anti-religioso virou *antirreligioso* e contra-regra virou *contrarregra*. E também desapareceu quando o prefixo termina em vogal e a palavra seguinte começa com uma vogal diferente. Agora, se o prefixo termina com a mesma letra que começa a palavra seguinte, como em *super-realista, inter-racial, micro-ondas, anti-inflamatório*, o hífen é, em geral, obrigatório. Se o primeiro elemento termina por vogal, r ou b, e o segundo elemento começa com h, o hífen se mantém: *anti-herói, sub-humano, super-homem*. Com vice e ex, também há hífen: *vice-presidente, ex-assessor*. Já com os prefixos co, pro, pre, re, é sempre aglutinado: *coautor, cooperar, proeminente, preestabelecer, reelaborar*. Mas você pode escrever *proativo* ou *pró-ativo*. Não se emprega o hífen com a palavra *não* como prefixo: *não agressão, não fumante*.

Em alguns casos, como *dia a dia, mão de obra* e *à toa*, o termo passou a ser escrito sempre sem hífen. Havendo dúvida na grafia de outras palavras, consulte o *Vocabulário ortográfico da língua portuguesa* (Volp), na versão on-line no site da Academia Brasileira de Letras, que faz o registro oficial das palavras da língua, em sua vertente brasileira.

7. Use tópicos, mas não abuse

Separar o texto em tópicos ajuda a atrair o olhar do leitor para uma lista de pontos sem sinalizar que eles são apresentados em uma determinada ordem. As melhores listas seguem algumas regras:

- Explique de que se trata a lista antes de começá-la, com uma frase introdutória terminada em dois-pontos.

- Mantenha todos os itens uniformes no tamanho e na estrutura gramatical, começando sempre com verbos ou sempre com substantivos.

- Apresente os itens com um recuo suspenso para que as marcações fiquem à esquerda e todas as frases estejam alinhadas.

- Digite os itens com espaçamento simples ou extra apenas entre um item e outro.

- Mantenha as marcas simples em corpo pequeno, preferencialmente. Exagerar no tamanho ou criar listas muito longas pode diluir o impacto do conteúdo.

8. Evite aspas, negrito, itálico, sublinhado e MAIÚSCULAS em excesso

As aspas podem enviar sinais mistos. Na maioria das vezes elas sinalizam sua função tradicional: iniciar uma citação. Às vezes sugerem uma atitude maliciosa, ironia ou talvez impliquem que o que elas contêm não é o que pretende ser. Dados todos esses diferentes significados possíveis, as aspas são uma má escolha para enfatizar palavras e frases. Tradicionalmente, esse é o papel do tipo itálico, um sinal inequívoco, mas que perde o impacto se usado em exagero. Além disso, evite: (1) sublinhar, o equivalente mais feio da fonte em itálico da era da máquina de escrever; (2) uso excessivo do tipo negrito, que é mais reservado para títulos; e (3) todas as letras maiúsculas, que são irritantes e difíceis de ler se constarem de mais de uma palavra ou duas.

9. Use dois-pontos ou vírgula após um vocativo

Dois-pontos são padrão na correspondência comercial; vírgulas, em cartas pessoais. Vírgulas também podem ser permitidas em cartas comerciais, caso haja uma proximidade maior entre o remetente e o destinatário. Mas usar ponto e vírgula depois de vocativo (<Caro Sr. Silva;>) está incorreto.

10. Travessão tem dois usos defensáveis – e valiosos –: enquadrar e enfatizar

Os traços longos – chamados travessão – enquadram o que poderia ser um termo entre parênteses ou entre vírgulas e o destacam.

Observe na frase anterior como as palavras entre os travessões sobressaem.

Poderiam facilmente ser destacadas do resto da frase por vírgulas ou colocadas entre parênteses. Mas os travessões dão a uma frase interruptiva ênfase especial (enquanto os parênteses quase imploram para serem pulados).

É uma técnica forte que deve ser usada, porém, como todos os dispositivos de escrita eficazes, de forma moderada. Os travessões também são úteis para delimitar frases curtas que se destacam da frase principal e podem substituir os dois-pontos, adicionando ênfase. Tradicionalmente, o travessão é o sinal de pontuação usado no início das falas no discurso direto.

11. Vamos usar pontos de exclamação apenas quando forem necessários!

O ponto de exclamação é um sinal empregado para conferir entonação enfática, transmitindo diversos sentimentos como admiração, alegria, raiva ou urgência. Pode ser usado também em frases imperativas (<Parem imediatamente com esse barulho!>) para chamar a atenção para algum aspecto específico ou fazer cobranças, ou como substituição da vírgula para vocativos: <Time! Preciso de uma resposta sobre o relatório>.

Mas em todas as ocasiões, sempre que possível, deve ser evitado. E nunca duplicado ou triplicado. Além de passar um tom de urgência que, pouquíssimas vezes, é realmente necessário, parece grosseiro, alarmista e chamativo.

12. Faltou falar das reticências...

Reticências é um sinal de pontuação que marca uma interrupção. Apesar de não ser uma pontuação comum em documentos oficiais, é muito utilizada em comunicação informal para indicar a suspensão ou interrupção de uma ideia, para indicar que uma ação ainda não acabou ou para transmitir, na linguagem escrita, sentimentos e sensações típicos da linguagem falada, como hesitação, dúvida, ironia, surpresa.

As reticências também podem ser usadas para indicar uma ideia que se prolonga, deixando que a conclusão do sentido da frase seja feita conforme a interpretação pessoal dos leitores: <A estagiária é poliglota. Fala português, alemão, francês...>.

Formalmente, no entanto, seu uso mais frequente é para indicar que uma citação está incompleta, havendo trechos dela que não foram transcritos: <Segundo o que foi dito na entrevista, "haverá momentos de alegria e de tristeza, havendo também [...] experiências inesquecíveis [...]">.

E, depois das reticências, a próxima palavra vem sempre com letra maiúscula se a ideia expressa antes das reticências estiver concluída, mesmo tendo um sentido vago, havendo novo início de frase com transmissão de uma nova ideia.

Mas se a ideia expressa antes das reticências não estiver concluída, sendo retomada na continuação da frase, o correto é usar letra minúscula na palavra seguinte: <Pensei muito sobre o assunto... mas não cheguei a nenhuma conclusão>.

Apêndice D
Gafes mais comuns

Nesta lista dos 20 principais usos de linguagem que distinguem desleixados de refinados, um asterisco precede as palavras e frases erradas.

1.	**NÃO USE:**	**USE:**
	Entre *eu e você não há segredos.	Entre mim e você não há segredos.
2.	**NÃO USE:**	**USE:**
	Ele acordou de *mal humor.	Ele acordou de mau humor.
3.	**NÃO USE:**	**USE:**
	O escritório fica *há 15 quilômetros do aeroporto.	O escritório fica a 15 quilômetros do aeroporto.
4.	**NÃO USE:**	**USE:**
	Nós nos conhecemos *a dez anos.	Nós nos conhecemos há 10 anos.
5.	**NÃO USE:**	**USE:**
	A crise implicou *na demissão de vários funcionários.	A crise implicou a demissão de vários funcionários.

6.	**NÃO USE:**	**USE:**
	Meu colega trouxe o bolo para *mim comer.	Meu colega trouxe o bolo para eu comer Ou Meu colega trouxe o bolo para mim.
7.	**NÃO USE:**	**USE:**
	A lei está *vigindo.	A lei está vigendo.
8.	**NÃO USE:**	**USE:**
	As milhares de pessoas que consomem nossos produtos.	Os milhares de pessoas que consomem nossos produtos.
9.	**NÃO USE:**	**USE:**
	Quando você o *ver na empresa, avise-me.	Quando você o vir na empresa, avise-me.
10.	**NÃO USE:**	**USE:**
	Quando eu *vir trabalhar.	Quando eu vier trabalhar.
11.	**NÃO USE:**	**USE:**
	Seguem *anexo os documentos solicitados.	Seguem anexos os documentos solicitados.
12.	**NÃO USE:**	**USE:**
	Eu esqueci *da reunião.	Eu me esqueci da reunião.
13.	**NÃO USE:**	**USE:**
	*Fazem dois meses que trabalho nessa área.	Faz dois meses que trabalho nessa área.

14. NÃO USE:	USE:
O chefe *media o debate.	O chefe medeia o debate.

15. NÃO USE:	USE:
O almoço será ao meio-dia e *meio.	O almoço será ao meio-dia e meia.

16. NÃO USE:	USE:
*Aonde coloquei o relatório?	Onde coloquei o relatório?

17. NÃO USE:	USE:
Ela visa *o cargo de diretora.	Ela visa ao cargo de diretora.

18. NÃO USE:	USE:
Viemos *afim de discutir o projeto.	Viemos a fim de discutir o projeto.

19. NÃO USE:	USE:
Prefiro trabalhar até mais tarde *do que chegar mais cedo.	Prefiro trabalhar até mais tarde a chegar mais cedo.

20. NÃO USE:	USE:
Gostava de ternos *cinzas, camisas *cremes e tons *pastéis.	Gostava de ternos cinza, camisas creme e tons pastel.

Para saber mais sobre usos, veja o apêndice F.

Apêndice E
O que fazer e o que não fazer para escrever bem

O que fazer:

1. Releia todos os documentos antes de enviá-los. Verifique se a ortografia e a gramática estão corretas e use o corretor ortográfico. Há muitos erros que passam despercebidos, e um programa de qualidade pode identificá-los.

2. Confira se estão corretos o nome do destinatário e o pronome de tratamento (Senhor, Senhora, Vossa Eminência, Vossa Alteza, Vossa Excelência...). Confira os dados constantes do envelope também – se existir um.

3. Assine documentos de negócios com seu nome e sobrenome, a menos que você tenha uma relação próxima com o destinatário. Se o vocativo for "Caro Senhor Augusto

Lemos," assine seu nome completo. Se for "Querido Augusto," assine seu primeiro nome apenas.

4. Assine suas cartas com uma caneta e nunca com um carimbo com sua assinatura.

5. Sempre inclua suas informações de contato para que o destinatário possa responder.

6. Use o e-mail corporativo apenas para enviar mensagens de trabalho. Se a sua mensagem é pessoal, use sua conta própria de e-mail. Se for autônomo e precisar usar sua conta pessoal também para tratar de trabalho, use um endereço que transmita seu nome, de modo que o destinatário saiba quem é o emissor da mensagem. Deixe as contas com apelidos para trás.

7. Antes de enviar um e-mail, confira se adicionou todos os destinatários que devem receber a mensagem e se incorporou os anexos mencionados.

8. Use o espaço em branco de forma eficaz para garantir que o documento seja inteligível. Crie margens generosas, deixe espaços entre parágrafos, divida o texto com subtítulos, caso seja necessário, e use travessão e marcadores como *bullet points*.

9. Date suas mensagens, exceto as eletrônicas, como e-mails, que já são datadas automaticamente.

10. Se for escrever notas de agradecimento para pessoas que participam do mesmo grupo social, garanta que elas sejam

diferentes entre si. Seria uma gafe terrível se os destinatários comparassem as notas e percebessem que elas foram produzidas em massa.

O que não fazer:

1. Não use letras maiúsculas no texto inteiro. Isso equivale a gritar com o destinatário.

2. Não devolva uma carta para seu remetente usando a mesma folha que lhe foi enviada. A resposta deve estar em uma nova folha de papel. Contratos e acordos comerciais, claro, não fazem parte dessa recomendação.

3. Não escreva "Agradeço desde já" ou "Agradeço antecipadamente". Se você deseja agradecer às pessoas em uma solicitação, basta escrever "Obrigado" ou "Obrigada". Além disso, lembre-se de agradecer novamente (talvez até pessoalmente) quando a tarefa estiver concluída.

4. Não use CCO (cópia oculta) em um e-mail, a menos que seja estritamente necessário, para garantir a segurança dos destinatários, por exemplo. O mau uso da ferramenta pode dar a você reputação de indiscreto.

5. Não use fontes minúsculas ou incomuns que tornem a leitura da mensagem mais complicada ou façam você parecer "diferente" ou "irreverente". E modere o uso de negrito, itálico, sublinhado e marcadores.

6. Não escreva tópicos muito longos na área de assunto de um e-mail. Prefira ser direto e objetivo.

7. Não use a função *responder a todos* do e-mail a menos que a sua resposta seja relevante para todos os destinatários.

8. Não permita que a correria do dia a dia o impeça de escrever para dar parabéns ou expressar gratidão, condolências ou qualquer outro sentimento.

9. Não escreva uma carta com raiva ou frustração. Desligue-se da situação por um tempo. Volte a escrever depois de se acalmar e refletir sobre o assunto para expressar-se da melhor forma.

10. Não escreva nada que faria você se envergonhar se fosse publicado na capa de um jornal.

Apêndice F
Um guia do bom uso do português

a; há. *A* = como expressão de tempo, é usado para indicar futuro ou distância. *Há* = conjugação do verbo haver.

a cima; acima. *A cima* = para cima: <Ele olhou de baixo a cima>; *Acima* = em posição elevada, superior: <Eu gosto, acima de tudo, de ler>.

a domicílio; em domicílio. Segue a regência do verbo: <Leva-se a domicílio>, <Atende-se em domicílio>. O verbo "entregar" pede a preposição "a" quando se trata de pessoa como objeto e a preposição "em" para lugar. Por metonímia, a expressão "entrega a domicílio", que é até mais antiga no idioma, se popularizou. Ambas estão corretas.

a fim; afim. *A fim* = indica ideia de finalidade: <Viemos a fim de discutir o projeto>. *Afim* = semelhante: <Temos ideias afins>.

a gente; agente. *A gente* = nós. *Agente* = profissão.

a grama; o grama. *A grama* = planta, capim. *O grama* = unidade de medida de massa.

à medida que; na medida em que. *À medida que* = relação de proporção: <Os resultados melhoram à medida que a equipe se entrosa mais>. *Na medida em que* = porque: <É melhor comprar à vista na medida em que os juros estão altos>.

a nível de; em nível de. *A nível de* = à mesma altura: <Estava ao nível do mar>. *Em nível de* = âmbito: <O problema foi tratado em nível de diretoria>.

a par; ao par. *A par* = estar ciente de algo: <Ela estava a par das demissões>. *Ao par* = forma de comparação cambial: <O real estava ao par do dólar>.

à parte; aparte. *À parte* = separadamente: <Ele está à parte da família>. *Aparte* = do verbo apartar, comentário: <Perdoe-me pela interrupção, mas é preciso fazer um aparte>.

a partir; desde. *A partir* = para ações que começaram a acontecer ou ainda vão acontecer. *Desde* = para ações que ainda estão acontecendo.

a princípio; em princípio; por princípio. *A princípio* = no início. *Em princípio* = de forma geral. *Por princípio* = em respeito a regras e valores.

a ver; haver. *A ver* = afinidade: <Não deveriam trabalhar juntos. Eles não têm nada a ver um com o outro>. *Haver* = verbo.

abordar; a bordo. *Abordar* = (1) tratar de, versar sobre: <Quais assuntos abordaremos na reunião?>; ou (2) aproximar-se de alguém para dirigir-lhe a palavra: <O segurança da empresa abordou o desconhecido>. *A bordo* = estar a bordo, no interior de aeronave ou embarcação: <Já estava a bordo do avião>.

absolver; absorver. *Absolver* = perdoar. *Absorver* = incorporar, secar líquidos, consumir.

aceder; acender; ascender. *Aceder* = (1) estar de acordo: <Ela acedeu sem que houvesse contestação>; ou (2) fazer aumentar, acrescentar, somar. *Acender* = (1) fazer com que arda, pôr fogo; ou (2) colocar em funcionamento. *Ascender* = subir, elevar-se.

acento; assento. *Acento* = sinal gráfico. *Assento* = banco, cadeira.

acerca de; a cerca de; há cerca de. *Acerca de* = a respeito de: <Conversaremos acerca da proposta>. *A cerca de* = aproximação: <Moro a cerca de 5 quilômetros do trabalho>. *Há cerca de* = existe aproximadamente; faz aproximadamente (tempo decorrido): <Há cerca de cem funcionários na empresa>; <Há cerca de um ano estive aqui>.

acertado; assertivo. *Acertado* = que se acertou, que é adequado, apropriado, conveniente, razoável. *Assertivo* = que declara ou afirma algo, afirmativo.

acesso; excesso. *Acesso* = (1) o ato de chegar, entrar: <Eu acesso o escritório pela porta lateral>; (2) admissão: <É preciso liberar o acesso do convidado>; (3) elevação em posto ou dignidade: <Acesso a cargo>; (4) impulso ou estado provocado por forte emoção ou fenômeno patológico: <Acesso de tosse, acesso de

raiva>; (5) movimento de veículos ou pessoas pelas vias públicas: <Acesso da marginal>; ou (6) maneira de comunicar-se ou relacionar-se com outras pessoas: <Tenho acesso direto ao presidente>. *Excesso* = exagero, falta de moderação, o que ultrapassa o legal ou habitual, em demasia ou grau elevado.

aço; asso. *Aço* = liga de ferro com carbono, metal. *Asso* = flexão do verbo assar.

adversão; aversão. *Adversão* = oposição, advertência. *Aversão* = repulsa em relação a algo ou a alguém, abominação, antipatia, repugnância.

afim. Ver **a fim.**

agente. Ver **a gente.**

ai; aí. *Ai* = interjeição de dor, tristeza ou alegria. *Aí* = advérbio de lugar, tempo ou interjeição de aprovação ou chamamento.

aja; haja. *Aja* = flexão do verbo agir. *Haja* = flexão do verbo haver.

alto; auto. *Alto* = que é elevado, grande, superior, maior. *Auto* = (1) prefixo com significado de si mesmo: <Autoestima, autoavaliação>; ou (2) a forma abreviada de automóvel.

aluga-se; alugam-se. Concorda com o sujeito da frase: <Alugam-se casas>, <Aluga-se casa>.

alusão; ilusão. *Alusão* = (1) referência vaga, de maneira indireta, menção a alguém ou algo. *Ilusão* = erro de percepção ou entendimento, manobra para enganar.

ambíguo; ambivalente. *Ambíguo* = que pode ter mais de um sentido, que desperta dúvida ou incerteza: <Por favor, esclareça a política ambígua>. *Ambivalente* = caráter do que tem dois aspectos radicalmente diferentes, até mesmo opostos: <O CFO tem sentimentos ambivalentes sobre este assunto>.

anexo; em anexo; o anexo. *Anexo* = (1) que se anexa, que se junta a outra coisa: <Documentos anexos>; (2) contíguo, ligado: <Sala anexa>. *Em anexo* = locução adverbial, invariável: <As imagens estão em anexo>. *O anexo* = o que está ligado a outro, considerado principal: <O anexo da loja>.

ansioso. Escrito dessa forma, não *ancioso.

ao encontro de; de encontro a. *Ao encontro de* = no mesmo sentido, em favor de: <Tudo ia bem, porque suas ideias foram ao encontro das expectativas do cliente>. *De encontro a* = contra, em oposição a: <O cliente desistiu, porque as ideias apresentadas foram de encontro às suas expectativas>.

ao invés de; em vez de. *Ao invés de* = ao contrário de. Essa locução só deve ser usada quando algo é o exato oposto do que foi mencionado anteriormente: <Desceu ao invés de subir>. *Em vez de* = no lugar de. Deve ser utilizada quando uma coisa substitui outra: <Falou comigo em vez de conversar diretamente com o diretor>.

ao par. Ver **a par**.

aonde; onde. *Aonde* = expressa ideia de destino, movimento. Use apenas com verbos de movimento, que regem a preposição a (ir, chegar, dirigir-se, levar): <Aonde ele quer chegar com isso?>. *Onde* = o lugar em que algo ou alguém está: <Onde está minha chave?>.

aparte. Ver **à parte.**

apreçar; apressar. *Apreçar* = definir ou negociar preço. *Apressar* = acelerar, tornar algo mais rápido.

assédio. Escrito dessa forma, não *acédio.

assento. Ver **acento.**

assertivo. Ver **acertado.**

assistir; assistir a. *Assistir* = ajudar. *Assistir a* = ver, observar.

asso. Ver **aço.**

asterisco. Escrito dessa forma, não *asterístico.

através; por meio de. Prefira utilizar *através* quando quiser expressar algo que transpõe ou cruza: <O sol entrava através de uma fresta da porta>. Empregue *por meio de* com o sentido de por intermédio: <Fiquei sabendo do resultado por meio de um telefonema>.

aversão. Ver **adversão.**

bastante; bastantes. Quando for um advérbio, é invariável e utilizado somente no singular: <Eles bebem bastante>. No sentido de suficiente, *bastante* é um adjetivo que varia de acordo com o sujeito: <Há bastantes pessoas para começar a festa>. Quando for um pronome indefinido, aparece na frase antes de um substantivo, com o qual concorda em número: <Vimos bastantes produtos à venda>.

bege. Escrito dessa forma, não *beje.

bem; bom. *Bem* = advérbio. *Bom* = adjetivo.

bem-vindo; benvindo. *Bem-vindo* = boas-vindas. *Benvindo* = nome próprio.

caçar; cassar. *Caçar* = perseguir e capturar animais. *Cassar* = anular, invalidar.

catorze, quatorze. As duas formas estão corretas e se referem ao numeral 14.

cavaleiro; cavalheiro. *Cavaleiro* = homem que anda a cavalo. *Cavalheiro* = homem gentil, educado.

ceda; cedo; sedo; seda. *Ceda* = flexão do verbo ceder, transferir, conceder, emprestar. *Cedo* = (1) conjugação do verbo ceder: <Eu cedo minha vaga>; e (2) advérbio que indica antecedência, em breve, logo: <Sempre chego mais cedo>. *Sedo* = flexão do verbo sedar: <Sedo meus pacientes>. *Seda* = tipo de tecido, do bicho-da-seda: <Blusa de seda>.

cede; sede. *Cede* = flexão do verbo ceder. *Sede* = (1) matriz de empresa: <Nossa sede>; (2) vontade de beber: <Estou com sede>; ou (3) flexão do verbo sedar, anestesiar.

cela; sela. *Cela* = área de uma cadeia ou um mosteiro. *Sela* = (1) assento para montar em animais: <Sela de cavalo>; e (2) flexão do verbo selar, validar, efetivar: <Ela sela a paz>.

cem; sem. *Cem* = numeral. *Sem* = ausência.

censo; censor; senso. *Censo* = contagem e levantamento de uma população. *Censor* = aquele que censura. *Senso* = juízo, entendimento: <Tenha bom senso e senso de humor>.

cessão; seção; sessão. *Cessão* = ato de ceder: <Faremos uma cessão de direitos>. *Seção* = subdivisão de uma área ou parte de um todo: <Seção eleitoral>. *Sessão* = intervalo de tempo: <Sessão de cinema>.

cesta; sesta; sexta. *Cesta* = recipiente. *Sesta* = descanso após o almoço. *Sexta* = numeral, forma reduzida de sexta-feira.

chegado; chego. *Chegado* = único particípio do verbo chegar: <O candidato havia chegado cedo>. *Chego* = conjugação do verbo chegar na 1ª pessoa do presente do indicativo: <Eu sempre chego atrasada>.

cheque; xeque. *Cheque* = (1) documento que representa ordem de pagamento: <Não aceitamos pagamentos em cheque>; (2) conjugação do verbo checar: <Cheque a informação com a área de marketing>. *Xeque* = (1) ataque sofrido pelo rei no jogo de xadrez: <Xeque-mate>; (2) Situação perigosa, arriscada ou difícil: <Estamos em xeque>; ou (3) Chefe muçulmano.

cinto; sinto. *Cinto* = peça do vestuário. *Sinto* = conjugação do verbo sentir.

coco; cocô. *Coco* = fruta. *Cocô* = fezes.

com certeza. Sempre escreva separadamente, são duas palavras.

companhia. Escrito dessa forma, não *compania*.

comprimento; cumprimento. *Comprimento* = medida: <O prédio tem 40 metros de comprimento>. *Cumprimento* = (1) saudação; (2) ato ou efeito de cumprir ou executar algo: <Informo o cumprimento da ação>.

concelho; conselho. *Concelho* = município, região administrativa. *Conselho* = aviso, sugestão ou grupo de pessoas que tomam decisões.

concerto; conserto. *Concerto* = espetáculo musical. *Conserto* = substantivo sinônimo de reparo, ajuste: <Levar para o conserto>; ou conjugação do verbo consertar, restaurar, corrigir: <Não se preocupe com este defeito, eu conserto>.

conotação. Ver **denotação**.

contigo. Escrito dessa forma, não *com tigo.

cujo. Pronome relativo que deve concordar com o termo posterior: <O pai cujas filhas nasceram>. Não aceita ser seguido por artigo: *cujo o.

daqui a. Indica procedência, deste lugar, deste ponto. Use sempre acompanhado da preposição: <Daqui a dois dias assinarei o contrato>.

de certo; decerto. *De certo* = (1) algo indeterminado: <De certo modo, já sabíamos do resultado>; ou (2) verdadeiro <O que você fez de certo foi denunciar ao diretor>. *Decerto* = certamente: <Não deixe de tentar, decerto você conseguirá>.

de ele; dele. *De ele* = quando "ele" fizer parte do sujeito da frase, a contração pode não ocorrer: <É hora de ele aparecer>. *Dele* =

contração de+ele: <Essa é a casa dele>. A mesma lógica se aplica para contrações da(s), do(s), dela(s), deles.

de encontro a. Ver **ao encontro de.**

de mais; demais. *De mais* = expressa quantidade em excesso: <Assuntos de mais>. *Demais* = advérbio de intensidade: <Falar demais>.

de novo. Escrito dessa forma, não *denovo.

de repente. Escrito dessa forma, não *derrepente.

de trás; detrás. *De trás* = sinônimo de atrás, utilizado quando o verbo exige a preposição "de": <De onde você veio? De trás da cortina>. *Detrás* = atrás: <Onde você estava? Detrás da cortina>.

delegar; relegar. *Delegar* = transferir poder, função, competência a alguém, incumbir, confiar. *Relegar* = esquecer, afastar com desdém, rebaixar, banir: <Depois de cometer aquele erro, ele foi relegado a cuidar de burocracias>.

denotação; conotação. *Denotação* = uso de palavra com seu sentido original, literal: <O pássaro voou alto>. *Conotação* = uso de palavra com significado novo, diferente do original, criado pelo contexto: <Trabalhando dessa forma, ela vai voar alto na empresa>.

dentre; entre. *Dentre* = do meio de (usado com verbos que indicam movimento e pedem a preposição de): <A ideia surgiu dentre várias sugestões apresentadas>. *Entre* = junto de, em meio a, no meio de: <Entre os documentos havia também cópias de e-mails>.

desapercebido; despercebido. *Desapercebido* = desprovido, desprevenido. *Despercebido* = sem atenção.

descrição; discrição. *Descrição* = ato de descrever, de expor com detalhes. *Discrição* = qualidade de quem é discreto, sóbrio, reservado.

descriminar; discriminar. *Descriminar* = absolver, inocentar. *Discriminar* = separar, diferenciar, tratar de modo desigual, injusto.

desde. Ver **a partir.**

desobedecer. Ver **obedecer.**

despensa; dispensa. *Despensa* = área da casa para armazenar alimentos. *Dispensa* = isenção de uma obrigação, rescisão de contrato de trabalho.

dia a dia. Escrito dessa forma, não *dia-a-dia*.

diligente; dirigente. *Diligente* = pessoa ativa, aplicada. *Dirigente* = quem dirige, comanda.

e; é. *E* = une palavras e frases indicando conexão, adição ou ideia contrária. *É* = flexão do verbo ser.

efetivo; eficiente; eficaz. *Efetivo* = que concretiza uma ação. *Eficiente* = que dá ou obtém bom resultado. *Eficaz* = que produz o resultado esperado.

elegível; ilegível. *Elegível* = apto para ser eleito. *Ilegível* = que não se pode ler: <Esse documento está ilegível>.

em anexo. Ver **anexo**.

em baixo; embaixo. *Em baixo* = utilizado quando *baixo* é um adjetivo <Imprimiu o texto em baixo-relevo>. *Embaixo* = advérbio de lugar, contrário de *em cima*: <Estou te vendo embaixo da mesa>.

em cima; encima. *Em cima* = advérbio de lugar, contrário de *embaixo*: <Estou te vendo em cima da mesa>. *Encima* = conjugação do verbo encimar, pouco utilizado na língua moderna: <O ninho de pássaro encima a árvore>.

em domicílio. Ver **a domicílio**.

em fim; enfim. *Em fim* = no final: <Não estava em fim de carreira>. *Enfim* = finalmente, por fim, conclusão: <Enfim, marcamos a reunião>.

em nível de. Ver **a nível de**.

em princípio. Ver **a princípio**.

em quanto; enquanto. *Em quanto* = usado em pergunta sobre quantidade ou preço: <Em quanto tempo chegaremos?>. *Enquanto* = ideia de tempo, conformidade: <Enquanto você pensa, eu faço>.

em vez de. Ver **ao invés de**.

embaixadora; embaixatriz. *Embaixadora* = representante máxima de um Estado junto a outro Estado, emissária, mensageira; titular de uma embaixada do sexo feminino. *Embaixatriz* = esposa de um embaixador.

eminente; iminente. *Eminente* = que é excelente, importante. *Iminente* = que está prestes a acontecer.

empatia; simpatia. *Empatia* = habilidade de imaginar-se no lugar de outra pessoa, compreensão dos sentimentos de outrem. *Simpatia* = (1) afinidade entre duas pessoas: <Tenho simpatia por ela>; (2) atração por uma coisa, ideia ou causa: <Tenho simpatia pelas causas sociais>; (3) boa disposição e gentileza: <No atendimento ao cliente, é importante ter simpatia>; (4) prática supersticiosa: <Fazer uma simpatia para conseguir um emprego>.

emprestar a; emprestar de. *Emprestar a* = confiar temporariamente algo a alguém, emprestar para alguém. *Emprestar de* = tomar por empréstimo: <Emprestei da minha colega>.

entre mim e ele. Escrito dessa forma, não *entre eu e ele. Mesma lógica se aplica ao pronome oblíquo tônico "ti": *entre ti e ele*.

esta; está. *Esta* = pronome demonstrativo. *Está* = conjugação do verbo estar.

estender; extensão. *Estender* = verbo que equivale a prolongar. *Extensão* = ação de estender ou espaço ocupado por algo.

estivesse; tivesse. *Estivesse* = flexão do verbo estar. *Tivesse* = flexão do verbo ter.

estratégia; tática. *Estratégia* = planejamento abrangente. *Tática* = conjunto de ações e técnicas que suportam uma estratégia.

etc. Pode ser ou não precedida por uma vírgula, sem a necessidade de ser sucedida por reticências.

evadir; invadir. *Evadir* = escapar, fugir. *Invadir* = entrar, ocupar, dominar.

exceção; exceto. *Exceção* = desvio de uma regra ou padrão, não inclusão, condição ou situação privilegiada. *Exceto* = com exclusão, afora, salvo: <Todos foram embora, exceto a nova funcionária>.

excesso. Ver **acesso**.

exitar; hesitar. *Exitar* = ter êxito, acertar. *Hesitar* = vacilar, duvidar.

explícito; implícito. *Explícito* = (1) perfeitamente claro: <A gerente apresentou os dados de forma explícita no gráfico>; ou (2) sem reservas ou restrições ao se expressar: <Cantadas explícitas caracterizam assédio>. *Implícito* = que está envolvido, mas não expresso claramente, tácito, velado, subentendido: <Ficou implícito na mensagem que vamos passar por um período de cortes>.

facilidade; facilitar. *Facilidade* = aptidão; comodidade. *Facilitar* = tornar fácil, exequível, disponível.

figurado. Ver **literal**.

final; finalidade. *Final* = última parte, desfecho. *Finalidade* = intenção ou motivação para a realização ou existência de algo.

flagrante. Escrito dessa forma, não **fragrante*.

fragrância. Escrito dessa forma, não **fragância*.

há. Ver **a**.

haja. Ver **aja.**

haver. Ver **a ver.**

hesitar. Ver **exitar.**

hora; ora. *Hora* = medida de tempo: <Passou da hora de ir embora>. *Ora* = (1) flexão do verbo orar: <Ele ora todos os dias>; (2) neste momento: <Por ora, acredito que é uma boa solução>; (3) interjeição de espanto ou dúvida: <Ora, não me amole>; e (4) empregada para marcar alternância: <Ora faz frio, ora faz calor>.

houve; ouve. *Houve* = flexão do verbo haver. *Ouve* = flexão do verbo ouvir.

ilegível. Ver **elegível.**

implicar. Como sinônimo de acarretar, não admite preposição: <O incêndio na gráfica implicou grande prejuízo>. Quando usado como sinônimo de provocar, importunar, deve-se usar preposição: <Minha chefe implica com ele>.

implícito. Ver **explícito.**

incomodar. Escrito dessa forma, não *encomodar.

infligir; infringir. *Infligir* = aplicar uma pena, causar efeito negativo. *Infringir* = desobedecer, desrespeitar.

invadir. Ver **evadir.**

ir ao encontro de; ir de encontro a. Ver **ao encontro de.**

jeito. Escrito dessa forma, não **geito*.

laser; lazer. *Laser* = estrangeirismo que significa amplificação de luz por emissão estimulada de radiação: <Raio laser>. *Lazer* = tempo livre, folga, realização de atividades de divertimento ou repouso.

lhe; o. *Lhe* = substitui o objeto indireto da oração: <Enviei-lhe o relatório>. *O* = substitui o objeto direto da oração: <Enviei-o para a diretoria>.

literal; figurado. *Literal* = uso da palavra com o seu sentido original e usual, que se entende ao pé da letra, exatamente como foi escrito: <Foi bastante clara ao expressar-se em linguagem literal>. *Figurado* = sentido metafórico ou alegórico: <Temos que ir para cima dos clientes, no sentido figurado, obviamente>.

mais; mas. *Mais* = em maior quantidade. *Mas* = porém.

mais informações. Escrito dessa forma, não **maiores informações*.

mal; mau. *Mal* = contrário de bem. *Mau* = contrário de bom.

meio; meia. *Meio* = Quando sinônimo de um pouco, é invariável: <Ela chegou meio cansada>. *Meia* = Como numeral, concorda sempre com o substantivo: <Ele comeu meia marmita>.

menos. Escrito dessa forma, não **menas*.

mexer. Escrito dessa forma, não **mecher*.

na medida em que. Ver **à medida que**.

nacionalidade; naturalidade. *Nacionalidade* = indica o país de nascimento. *Naturalidade* = indica estado, cidade ou município de nascimento.

nem um; nenhum. *Nem um* = nem um único, com sentido quantitativo: <Não havia nem uma folha de papel na impressora>. *Nenhum* = o contrário de algum, de pelo menos um; pronome indefinido variável, que admite flexão de gênero e grau: <Nenhuma funcionária abriu a porta>.

o anexo. Ver **anexo**.

o grama. Ver **a grama**.

obedecer, desobedecer. Estes verbos constroem-se com objeto indireto. Devem vir acompanhados da preposição a. <Todos precisam obedecer ao regulamento>; <Não pensei que fosse desobedecer às leis>.

obrigada; obrigado. *Obrigada(s)* = agradecimento feito por mulheres. *Obrigado(s)* = agradecimento feito por homens. Não confundir com **ser obrigado(a) a fazer algo*.

onde. Ver **aonde**.

ora. Ver **hora**.

ouve. Ver **houve**.

paralisação. Escrito dessa forma, não **paralização*.

peço. Escrito dessa forma, não **pesso*.

perca; perda. *Perca* = flexão do verbo perder: <Espero que você não perca esta oportunidade>. *Perda* = ato de perder algo ou ser privado do que possuía: <Esperar seria perda de tempo>.

poça; possa. *Poça* = pequeno acúmulo de água. *Possa* = flexão do verbo poder.

por meio de. Ver **através**.

por princípio. Ver **a princípio**.

porcentagens. O verbo deve concordar com o termo preposicionado que especifica a referência numérica: <60% da empresa aprova as novas regras>. Se o termo não estiver explícito, a concordância se faz com o número: <60% aprovam as novas regras>. Se a porcentagem for especificada por artigo ou pronome, o verbo concordará com ela: <Esses 60% da empresa aprovam as novas regras>. Se o verbo vier antes da porcentagem, ou se o termo preposicionado estiver deslocado, a concordância é feita com o número: <Dos entrevistados, 1% não soube responder>.

preceder; proceder. *Preceder* = (1) estar ou vir adiante de alguém: <A presidente do conselho precedeu o atual CEO no cargo>; ou (2) ser superior ou mais importante: <Para eles, o dinheiro precede ao resultado>. *Proceder* = (1) ter origem em algo, ser descendente; (2) iniciar determinada tarefa; (3) ter determinado comportamento.

proativo, pró-ativo. Ambas as formas estão corretas.

processo. Escrito dessa forma, não *prossesso.

propenso; propício. *Propenso* = tendendo a: <Se estiver propenso a estudar, busque um lugar tranquilo>. *Propício* = adequado: <Lugares tranquilos são mais propícios ao estudo>.

quis; quiz. *Quis* = flexão do verbo querer. *Quiz* = questionário, jogo de perguntas.

quiser. Escrito desta forma, não *quizer*.

ratificar; retificar. *Ratificar* = confirmar, comprovar. *Retificar* = corrigir, emendar.

relegar. Ver **delegar**.

respeitavelmente; respectivamente. *Respeitavelmente* = de maneira polida, educada. *Respectivamente* = em ordem regular: <Carol e Roberto serão promovidos a gerente e supervisor, respectivamente>.

reticente; reticência; reticências. *Reticente* = hesitante, que não diz o que devia ou podia. *Reticência* = omissão voluntária do que se podia dizer, hesitação, silêncio voluntário. *Reticências* = conjunto de três pontos seguidos em um sinal de pontuação que indica suspensão do discurso: <Tentei falar com ele...>

roído; ruído. *Roído* = particípio do verbo roer. *Ruído* = (1) particípio do verbo ruir; (2) barulho.

se não; senão. *Se não* = caso não: <Concordando, pode começar amanhã; se não, aguarde o início do mês>. *Senão* = a não ser, caso contrário: <Não havia ninguém na plateia, senão dois funcionários>; <Comece logo o projeto, senão vai se atrasar>.

seção. Ver **cessão.**

seda. Ver **ceda.**

sede. Ver **cede.**

sedo. Ver **ceda.**

sela. Ver **cela.**

sem. Ver **cem.**

senso. Ver **censo.**

sessão. Ver **cessão.**

sesta. Ver **cesta.**

sexta. Ver **cesta.**

simpatia. Ver **empatia.**

sinto. Ver **cinto.**

soar; suar. *Soar* = emitir som. *Suar* = transpirar.

sob; sobre. *Sob* = embaixo. *Sobre* = em cima, superioridade, a respeito de.

sujeito. Escrito dessa forma, não **sugeito*.

tacha; taxa. *Tacha* = pequeno prego de cabeça redonda. *Taxa* = tributo, imposto.

tachado; taxado. Tachado = particípio de tachar: <Fui tachado de antissocial>. *Taxado* = tributado.

tampouco; tão pouco. *Tampouco* = também não, nem sequer. *Tão pouco* = muito pouco.

tática. Ver **estratégia**.

tem; têm. *Tem* = flexão do verbo ter na 3ª pessoa do singular. *Têm* = flexão do verbo ter na 3ª pessoa do plural.

tenção; tensão. *Tenção* = intuito, intenção: <Nunca tive tenção de te magoar>. *Tensão* = estado do algo tenso, apreensão.

tigela. Escrito dessa forma, não *tijela*.

tivesse. Ver **estivesse**.

todo; todo o. *Todo* = (1) que inclui todas as partes, completo: <Dores no corpo todo>; (2) qualquer: <Toda empresa tem inscrição municipal>. *Todo o* = totalidade: <Toda a empresa estará presente>.

tráfego; tráfico. *Tráfego* = movimento de veículos. *Tráfico* = comércio ilegal, clandestino.

trago; trazido. *Trago* = flexão da 1ª pessoa do singular do verbo tragar (<Eu trago o cigarro>) e do verbo trazer (<Eu trago o almoço>). *Trazido* = particípio do verbo trazer: <Ele tem trazido o livro todos os dias>.

trás; traz. *Trás* = parte posterior. *Traz* = flexão do verbo trazer na 3ª pessoa do singular do presente do indicativo.

trema. O uso do trema (¨) foi abolido das palavras em português pelo Acordo Ortográfico de 1990. Escreva cinquenta, linguiça e frequência. Mas a pronúncia continua a mesma.

vai vir. Escrito dessa forma, não **vai vim*.

veem; vem. *Veem* = flexão do verbo ver. *Vem* = flexão do verbo vir.

veracidade; voracidade. *Veracidade* = qualidade daquilo que é conforme à verdade, exatidão, fidelidade. *Voracidade* = atributo daquele que devora, que consome ou absorve rapidamente.

viagem; viajem. *Viagem* = ato de partir, deslocamento, percurso: <Fez duas viagens este ano>. *Viajem* = flexão do verbo viajar no presente do subjuntivo e no imperativo: <A lei proíbe que crianças viajem no banco dianteiro>.

xeque. Ver **cheque.**

Referências

Escrever bem não é apenas uma habilidade, mas uma combinação de muitas – e é algo que você precisa aperfeiçoar constantemente. Em complemento a este guia, convém ter à mão as seguintes obras de referência:

Estante dos escritores básicos:

BECHARA, Evanildo. *Gramática fácil.* 1. ed. Rio de Janeiro: Nova Fronteira, 2017.

CUNHA, Celso. *Gramática essencial.* 1. ed. Rio de Janeiro: Lexikon, 2013.

Dicionário Aurélio da Língua Portuguesa. 5. ed. Rio de Janeiro: Positivo, 2010.

Dicionário Houaiss da Língua Portuguesa. 1. ed. Rio de Janeiro: Objetiva, 2009.

Manual da Redação: Folha de S.Paulo. 16. ed. São Paulo: PubliFolha, 2001.

Novíssimo Aulete: Dicionário Contemporâneo da Língua Portuguesa. 1. ed. Rio de Janeiro: Lexikon, 2011.

Estante dos escritores experientes:

AZEREDO, José Carlos de. *Gramática Houaiss da Língua Portuguesa.* 4. ed. São Paulo: PubliFolha; Rio de Janeiro: Houaiss, 2018.

BECHARA, Evanildo. *Moderna Gramática Portuguesa*. 39. ed. Rio de Janeiro: Nova Fronteira, 2019.

_____. *Novo dicionário de dúvidas da língua portuguesa*. 1. ed. Rio de Janeiro: Nova Fronteira, 2016.

CEGALLA, Domingos Pascoal. *Novíssima gramática da língua portuguesa*. 48. ed. São Paulo: Companhia Editora Nacional, 2008.

_____. *Dicionário de dificuldades da língua portuguesa*. 3. ed. Rio de Janeiro: Lexikon, 2009.

CUNHA, Celso e CINTRA, Lindley. *Nova gramática do português contemporâneo*. 7. ed. Rio de Janeiro: Lexikon, 2016.

KURY, Adriano da Gama. *Para falar e escrever melhor o português*. 2. ed. Rio de Janeiro: Lexikon, 2012.

NEVES, Maria Helena de Moura. *Gramática de usos do português*. 2. ed. São Paulo: Editora Unesp, 2011.

PEREIRA, Cilene da Cunha, SILVA, Edila Vianna da e PAULIUKONIS, Maria Aparecida Lino. *Nova gramática para concursos*: Praticando a língua portuguesa. 1. ed. Rio de Janeiro: Lexikon, 2016.

PIACENTINI, Maria Tereza de Queiroz. *Manual da boa escrita*. 2. ed. Rio de Janeiro: Lexikon, 2017.

_____. *Não tropece na língua*: Lições e curiosidades do português brasileiro. 1. ed. Curitiba: Bonijuris, 2012.

SALVADOR, Arlete e SQUARISI, Dad. *Escrever melhor: Guia para passar os textos a limpo*. 2. ed. São Paulo: Contexto, 2008.

Referências complementares em inglês:

FLESCH, Rudolf. *The Art of Plain Talk*. Nova York: Harper & Brothers, 1946.

_____. *How to Write Plain English*: A Book for Lawyers and Consumers. Nova York: Harper & Row, 1979.

GARNER, Bryan A. *Legal Writing in Plain English*. 2. ed. Chicago: University of Chicago Press, 2012.

GOWERS, Ernest. *The Complete Plain Words*. 3. ed. Editado por Sidney Greenbaum e Janet Whitcut. Boston: David R. Godine, 1986.

GRAVES, Robert e HODGE, Alan. *The Reader over Your Shoulder*. 2. ed. Londres: Cape, 1947.

PARTRIDGE, Eric. *Usage and Abusage*: A Guide to Good English. Nova York: Harper & Brothers, 1942.

STRUNK, William e WHITE, E. B. *The Elements of Style*. 4. ed. Boston: Allyn & Bacon, 1999.

TRIMBLE, John R. *Writing with Style*. 3. ed. Upper Saddle River, NJ: Pearson, 2010.

TUFTE, Edward R. *Beautiful Evidence*. Cheshire, Conn.: Graphics Press, 2006.

_____. *Envisioning Information*. Cheshire, Conn.: Graphics Press, 1990.

WALLACE, David Foster. *Consider the Lobster*. Nova York: Little, Brown & Co., 2005.

ZINSSER, William. *On Writing Well*. Nova York: HarperCollins, 30th Ann. ed., 2006.

Agradecimentos

Minha profunda gratidão a Lisa Burrel, da *Harvard Business Review*, que sugeriu e revisou várias vezes este livro; aos funcionários da LawProse Heather C. Haines, Becky R. McDaniel, Tiger Jackson, Jeff Newman, David Zheng e Ryden McComas Anderson – que me ajudaram a desenvolver e refinar o texto; aos meus seguidores no Twitter (Estou em @bryanagarner) que sugeriram exemplos de jargão empresarial a serem evitados; a minha sogra, Sandra W. Cheng, seu irmão, Daniel Wu, e minha cunhada, Linda Garner, que sugeriram linhas de pesquisa com base em seus muitos anos nos negócios; e, acima de tudo, a minha esposa, Karolyne H. C. Garner, que me incentivou, orientou e inspirou durante os meses em que este livro foi escrito – como tem feito sempre.

Este livro é dedicado a J. P. Allen, o cineasta, meu amigo desde a infância (eu com 5 anos, ele com 3): desenvolvemos nosso interesse pela linguagem e pela redação quando éramos adolescentes, enquanto também líamos intensamente a respeito de empreendedorismo e administração de empresas – sem nunca nos preocuparmos com a possibilidade de sermos considerados *nerds*. Sempre achamos que aprender era legal e que a ignorância, não.

Nada mudou.

B. A. G.
agosto de 2012

CONHEÇA OS TÍTULOS DA *HARVARD BUSINESS REVIEW*

10 LEITURAS ESSENCIAIS

Desafios da gestão
Gerenciando pessoas
Gerenciando a si mesmo
Para novos gerentes
Inteligência emocional
Desafios da liderança
Lições de estratégia
Gerenciando vendas

UM GUIA ACIMA DA MÉDIA

Negociações eficazes
Apresentações convincentes
Como lidar com a política no trabalho
A arte de dar feedback
Faça o trabalho que precisa ser feito
A arte de escrever bem no trabalho

SUA CARREIRA EM 20 MINUTOS

Conversas desafiadoras
Gestão do tempo

Para saber mais sobre os títulos e autores da Editora Sextante,
visite o nosso site e siga as nossas redes sociais.
Além de informações sobre os próximos lançamentos,
você terá acesso a conteúdos exclusivos
e poderá participar de promoções e sorteios.

sextante.com.br